成都·成华历史人文丛书 街道卷

龙潭寺

刘小葵 著

四川文艺出版社

图书在版编目（CIP）数据

龙潭寺 / 刘小葵著. — 成都：四川文艺出版社, 2019.6
（成都·成华历史人文丛书）
ISBN 978-7-5411-5413-3

Ⅰ.①龙… Ⅱ.①刘… Ⅲ.①文化史－成都－通俗读物
Ⅳ.①K297.11-49

中国版本图书馆CIP数据核字（2019）第080197号

LONGTANSI

龙潭寺

刘小葵　著

责任编辑	陈雪媛	
封面设计	叶　茂	
内文设计	叶　茂	
责任校对	段　敏	
责任印制	唐　茵	

出版发行　四川文艺出版社（成都市槐树街2号）
网　　址　www.scwys.com
电　　话　028-86259287（发行部）　　028-86259303（编辑部）
传　　真　028-86259306

邮购地址　成都市槐树街2号四川文艺出版社邮购部　610031
排　　版　四川最近文化传播有限公司
印　　刷　四川华龙印务有限公司

成品尺寸	157mm×235mm	开　　本	16开
印　　张	14	字　　数	150千
版　　次	2019年6月第一版	印　　次	2019年6月第一次印刷
书　　号	ISBN 978-7-5411-5413-3		
定　　价	39.80元		

总序

　　成华区作为成都历史上独立的行政区划，是从1990年开始的，它是一个非常年轻的区。但是成华这块土地，作为古老成都的一个重要组成区域，则有着悠远的历史与深厚的文化根基。

　　"成华"区名，是成都县与华阳县两个历史地理概念的合称，而成都与华阳很早就出现在古代典籍中。《山海经·大荒北经》中曾有"大荒之中，有山名曰成都载天"的记载，有学者据此认为，成都可能是远古时候的一个国名，或者是古族名。华阳之名也一样悠久，《尚书·禹贡》云："华阳黑水惟梁州。"梁州是上古的九州之一，包括今天川渝及陕滇黔的个别地方，华阳即华山之阳，是指华山以南地方。东晋常璩所撰写的西南地方历史著作《华阳国志》便以地名为书名。或许正是因为这个缘故，地处"华山之阳"的成都平原上便有了华阳县，也从此形成了成都市区二县共拥一城的格局。唐人李吉甫在地理名著《元和郡县图志》一书中，对成都与华阳作了更进一步的记载："成都县，本南夷蜀侯之所理也，秦惠王遣张仪、司马错定蜀，因筑城而郡县之。""华阳县，本汉广都县地，贞观十七年分蜀县置。乾元元年为华阳县，华阳本蜀国之号，因以为名。"由此可见，成都与华阳历史之悠久，仅从行政区域角度看，成都从最初置县至今已有两千三百多年，而华阳从唐乾元元年（758）至今也有一千二百多年了。

　　不仅成华之名源远流长，具有丰富的人文内涵，成华这片土地更是积淀着厚重的历史与文化。可以说成华既是一部沉甸甸的史书，也是一首动人心魄的长诗。这里有纵贯全境且流淌着历史血液与透露着浓烈人文气息的沙河，有一万年前古人类使用过的石器，有堆积数千年文明的羊子山，有初建成都城挖土形成的北池，有浸透了汉赋韵律的驷马桥，有塞北雄浑的穹顶式和陵，有闻名宇内的川西第一禅林，有道家留下的浪漫神话传说，有移民创造的客家文化，还有难忘的当代工业文明记忆，还有世界的宠儿大熊猫……

成华有叙述不尽的历史故事。

成华有百看不厌的人文风景。

成华的历史是悠久的巴蜀历史的一部分；成华土地上生长的文明是灿烂的巴蜀文明的重要组成部分。

为了把这耀眼的历史文化集中而清晰地展现给人们，同时也为后世保留一笔珍贵的精神财富，中共成华区委和成华区人民政府立足全区资源禀赋和现实基础，将组织编写并出版"成都·成华历史人文丛书"纳入"文化品牌塑造"工程的重要内容之一。由成华区委宣传部、成华区文联、成华区文旅体局、成华区地志办等单位牵头策划，并组织一批学者、作家共同完成这套丛书，包括专题卷与街道卷两大部分，共计二十册。其中专题卷六册，街道卷十四册。专题卷从宏观的视野述说沙河的过往，清理历史的遗迹，讲述客家的故事，描写熊猫的经历，抒写诗文的成华，回眸东郊工业文明的辉煌成就。街道卷则更多从细微处入手，集中挖掘与整理蕴藏在社区、在民间的历史文化片断。

历史潮流滚滚前行。成华作为日益国际化的成都主城区之一，随着城市化进程的深入推进，对生活在成华本土的"原住民"和外来"移民"，更加渴望了解脚下这片土地，构建了积极的文化归宿。此次大规模地全面梳理、挖掘本土历史，并以人文地理散文的形式出版，在成华建区史上尚属首次。这既顺应了群众呼声、历史潮流，又充分展现了成华人的文化自觉和文化自信。

"成都·成华历史人文丛书"是成华人对成华悠久历史、深厚文化的一次深邃的打量，更是成华人献给自身脚下这片土地的一份深情与厚爱！

书籍记录岁月，照亮历史，传播文化。书籍是人类精神文明的载体，中华数千年的历史文化传承，书籍功莫大焉。如今，中国人民正在追求民族复兴的伟大梦想，通过书籍去回顾历史、展望未来，乃是实现这一复兴之梦的重要路径。

身在"华阳国"中的成华人，也有自己的梦。传承悠久的巴蜀文明，弘扬优秀的天府文化，正是我们的圆梦方式之一。

这便是出版"成都·成华历史人文丛书"的宗旨和意义之所在。

张义奇　蒋松谷

成都市成华区龙潭街道示意图

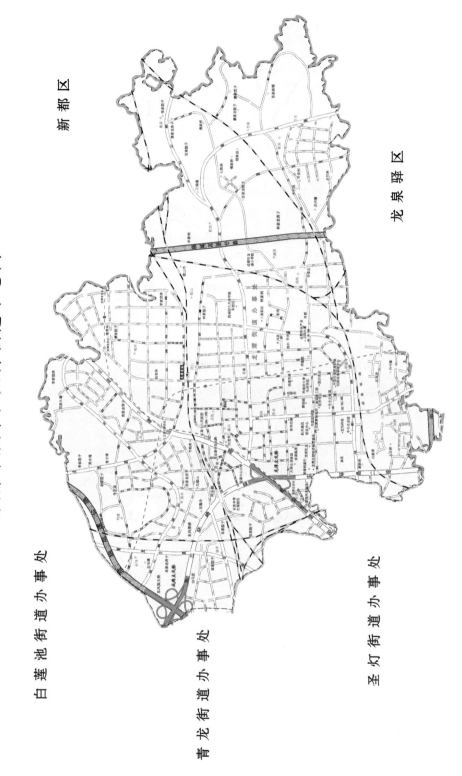

新 都 区

龙 泉 驿 区

白 莲 池 街 道 办 事 处

青 龙 街 道 办 事 处

圣 灯 街 道 办 事 处

序

　　自清代以来，东山客家居住区由于地理位置独特，形成一个相对独立和完整的民俗文化区域。在这一带逐渐兴起的乡场主要有隆兴场、保和场、西河场、得胜场、三圣场、大面铺、仁和场、同兴场、青龙场、天回场、三河场、泰兴场、木兰寺、甑子场。其中最著名的是龙潭寺，为东山五场之首，清末属华阳县第九区，名隆兴场，自古以来就是华阳县第一大场，也是成都东北方位第一个客家场镇。

　　此地何时兴起场镇？

　　康熙二十年（1681），张献忠和吴三桂之乱相继消停，成都进入承平时期。而此后，一场声势浩大的移民潮，在长达一百年的时间里轰轰烈烈地上演。

　　据记载：乾隆十九年（1754），三十八岁的陈会倬，带着三个儿子陈鹏高、陈鹏凤、陈鹏珍，从广东省长乐县大都老虎石乡出发，西上巴蜀，来到华阳县隆兴场（龙潭寺）置业居住，陈会倬于是被陈氏家族称为入川始祖。[①]

　　就在此时，广东梅县嵩螺山下砂田乡的卢仁彦也纠结了。当时，广东发生了严重的旱灾，土地歉收，要吃没吃要喝没喝，日子几乎过不下去了。他听说，四川田土肥沃，水旱从人，是膏腴之地，而且乡邻中也

---

① 李全中整理《成都东山客家氏族志》，四川人民出版社，2001。

有先期迁去的。

咋办呢？

派个人先去瞧瞧，四川那旮沓究竟有那么好吗？派谁去呢？想想自己的四个儿子，长子卢奕槐已经是大小伙儿了。尽管依然是帮人打工的"贫二代"，但好歹是家里的顶梁柱。三子卢奕集十一二岁，幺儿卢奕桢才四岁。最适合做探马的，只有二儿子卢奕桂。

两三年后，卢奕桂从四川归来。望眼欲穿的卢仁彦一把拉住儿子，急切地要听汇报。

卢奕桂兴奋地告诉他爸："四川田地肥美宽平，禾麻菽麦什么庄稼都适合栽种，那是真正的天府之国啊。"

听后，卢仁彦十分感慨，他说："盘庚迁都，盘活了一个国家；孟母搬家，盘活了一个儿子。守株待兔，这不是一个有心人所应该干的事情。"

于是，卢仁彦下定了决心，把田园庐舍都卖掉，置办了行李，在乾隆二十三年（1758），选了正月的一个好日子，带着二、三、四子往西蜀去。经过三个多月的跋涉，终于来到了成都府华阳县北门外隆兴场。一本光绪三十四年（1908）依旧谱续修而成的《卢氏族谱》明确记载，乾隆年间，龙潭寺已经形成场镇。

据记述：当时的龙潭寺很小，只有两个幺店子，一个在现在的龙潭寺中街火神庙，一个在现在的水巷子，店里主要卖香火供品及食糖、水果之类的东西。由于此地有可供烧香拜佛的庙子，来往客商较多，逐渐形成小街，当时的"申粮"董三关就叫"兴场"，仅有几十户人家，这个场取名为"隆兴场"。随着场镇的兴盛，农副产品交易也日渐繁荣，人口也由几十户增加到几百户，到光绪末年，又扩大到几十间铺面。街上最古老的铺子是杨记"陪寿堂"药铺，从开业到公私合营，有三百多年的历史。[1]

我们再来看看火神庙的兴建时间。据记载："火神庙，治东北城外二十里隆兴场，乾隆五年（1740）建。"[2] 从这些记载，我们可以得出结论，最迟在乾隆初年，龙潭寺场镇已经兴起了。

卢仁彦看到眼前的这个不大的场镇，土筑草盖，牛马同居，并且有树枝和蓑草结成的房子。唯一的亮点，就是从硕大的绿荫处显露出的斗拱飞檐，那是古龙潭寺。场镇都是围绕寺庙而修建的。

休息三天后，卢仁彦叫次子卢奕桂出去给乡邻打工，三子卢奕集给族党放牛，他自己租了几亩地耕种。不到两年，长子卢奕槐拖儿带女也来到龙潭寺。于是，一大家人弟兄一室，读书的读书，耕种的耕种，都各自有一份事业。

更早来到龙潭寺的客家人，还有广东惠州府连平县田源镇枫树塘的熊连海、熊连桂兄弟。据《熊氏族谱》记载，熊氏兄弟约在康雍年间，来到成都府华阳县，并把父亲熊喜昌的骨骸迁葬在古龙潭寺马鞍山的老屋后。时间一长，墓地上长满了茅草，被人们称之为芭茅坟。

龙潭清水沟范氏的入蜀经历，颇具代表性。范氏家族原籍粤东北长乐县，父范端雅（一名范钦若）生性豁达，不善理家，导致家贫如洗。时值大旱，借贷无门。端雅公激励子弟入蜀求生，说："大丈夫志在四方，奚必株守桑梓？吾闻西蜀天府之国也，沃野千里，人民殷富，天将启吾

---

[1] 袁忠吉、段相银：《"龙潭"与"太子墩"的传说》，载于《成华文史资料》第1辑，1994。
[2] ［清］吴巩、董淳修：《华阳县志》，清嘉庆二十一年（1816）刻本。

以行乎。"乾隆六年（1741），端雅公偕五子空身入川，先至叙永厅永宁县，后迁移到华阳县东山，以垦殖为业。

乾隆十二年（1747），范氏迁至华阳县巫家桥。当年十一月，范端雅去世，享年六十五岁。范氏子孙开枝散叶，遍及各处，但没有建立祠堂，范氏引为憾事。

据今龙潭乡威灵村范家所藏《族谱》记载，乾隆丁卯年（1747），范氏于"省垣北二十里隆兴场附近，觅得一处宅场"。民国二年（1912）秋，修建成范家祠。当年的十二月十七日，范氏后人将入川始祖端雅公牌位迎入祠堂。

在四川省档案馆中，珍藏有一件清代康熙年间的珍贵史料，叫作《张渭瑞出卖熟荒山田契约》。这份契约形成于康熙五十六年（1717）的九月二十五日，也就是康熙晚期。

《契约》所载之"熟荒山田"界址，"东至二龙潭河沟为界，南至袁姓山岭路为界，西至胡姓田为界，北至河堰为界。"这里记载的地界，在康熙、雍正朝属于成都县龙潭里与仁和里之间，到清末属华阳县第九区隆兴镇之隆兴场（俗名龙潭寺）与仁和场（俗名石板滩）之间。从这份档案，我们可以看出，在清初社会由动荡走向稳定的时期，成都近郊龙潭寺的社会经济业已恢复，耕植面积不断扩展，土地买卖也逐渐兴盛。

旧志云："蜀汉所建，历代递有修葺。清乾隆中重修。"[1] 寺内有龙潭，传说蜀汉时刘禅曾浴于此，因此为名。现场镇约于清康熙元年（1662）

---

① ［清］吴巩、董淳修：《华阳县志》，清嘉庆二十一年（1816）刻本。

因寺之香火兴盛逐渐形成。本名"隆兴"，但民间仍习称龙潭寺。

这些记载又把龙潭寺的建场时间提前到了清朝初期的康熙元年。

据同治《成都县志》记载：清初，成都市郊场镇市场恢复较早，到康熙时期已经基本复苏。虽然场镇见于地方志记载较晚，而且不全不备，但至迟到清中叶，成都县有驷马桥、青龙场等十二个场镇。而据嘉庆《华阳县志》记载，在城市地理上与成都县平分秋色的华阳县，因治地向东扩展，地方更为广阔，场镇数量也大大超过成都县，有隆兴场、仁和场等三十六个场镇。

清代，华阳县有七乡八里三十六场镇。其中的龙潭寺，《华阳县志》记载："龙潭寺，治东北三十里。"到了清宣统三年（1911），华阳县除管辖半个成都城以外，还辖有九区六镇三乡三十八场镇，其中第九区的驻地就在隆兴场，即龙潭寺，所辖场镇有隆兴、仁和、同兴。

由此可见，至少在清代，龙潭寺是叫隆兴场的。清末民初，龙潭寺仍然叫隆兴场，属华阳县第九区。清末，场镇上即有居民一千六百户，是东山一带货物集散地。华阳县志中有关龙潭的历史记载是："明季之乱，土旷民稀，清代休养生息数十年，招来垦辟，稍复旧观。"可见历代这里都是比较发达的。

进入民国以后，华阳县行政区划又有不少变化。民国二十九年（1940），华阳县实行新县制。在此之前，全县辖四区二十五联保。第一区署设在隆兴场。辖隆兴、保和、大面、西河、仁和、同兴、得胜、三圣等八联保。

在此之后，根据各地面积、人口、经济、文化、交通等状况，废联保制，设立乡镇，华阳全县仍为四区。一区署仍设于隆兴乡。下辖隆兴、保和、大面、西河、仁和、同兴、得胜、隆和、大千、三圣十个乡，计二百二十一保［民国三十一年（1942）统计数据］。民国三十一年，华阳县分六个行政指导区，下辖三十三乡二镇。其中的第三指导区所辖乡镇为隆兴、隆和、同兴、仁和、得胜、保和。

　　1952 年华阳县被撤销，成都市第四区区人民政府设龙潭寺镇，下辖马鞍、院山、秀水、白鹤等乡。这时候，龙潭寺才正式定为场镇名称。1956 年，四乡一镇合并为成都市郊区龙潭乡。1954 年 8 月，划仁和乡、同兴乡、石板滩归新都县辖。撤销了第八区等三个区级单位，至此龙潭寺降为乡级单位。

　　本书所记述的龙潭寺的人文，就是站在历史地理的视角，进行审视和把握。

成都市龙潭区、万年区行政区划示意图（1953年）

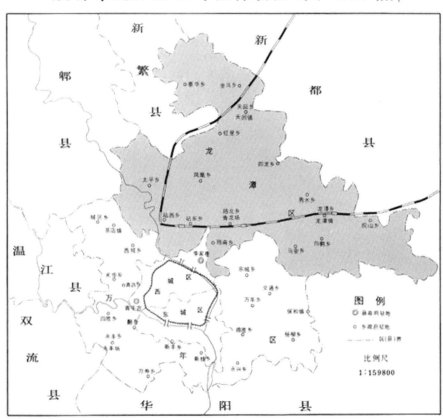

▲ 1953年龙潭区、万年区示意图　摘自《金牛区志》1960-1990年版

目录

后记

因寺兴场

阿斗沐浴清凉池

龙潭寺历史悠久，源远流长。民国《华阳县志》记载，龙潭寺于蜀汉时建，迄今已有一千多年的历史，地域文化底蕴积淀丰厚。据本地老人说，清乾隆四年（1739）重修龙潭寺，当时，庙门还有"古龙潭寺"金字大匾。龙潭寺自清朝道光年以来便是"东山五大场镇之首"，具有佛教文化、客家文化、蜀汉文化和水文化等相互交融的特点。

关于龙潭寺的来历，自然离不开三国蜀汉历史。

当年十四岁的刘禅被立为太子，如同今天的父母对待子女一样，刘备要他多学知识，掌握治国本领。于是，就让诸葛亮亲自开列了一个书单，什么《申子》《韩非子》《管子》《六韬》，等等，还派了伊籍教刘禅学习《左传》。

当然了，作为一个帝王的接班人，仅有文韬还不够，武略也是基本技能。刘备还令其练习马上骑射。过家家似的训练可是不行的，必须要在跑得马、射得箭的宽大场所进行。

这样的场地成都城内不行。那在哪里呢？

北宋初期的一部地理总志《太平寰宇记》给出了答案："射山，在成都县北十五里，后主刘禅学射于此。"①射山就是今天成都北郊的凤凰山。有了刘禅学射这个故事，从此很长一段时间，这里也被称为学射山。

说是某年的一个夏天，刘禅出北门在学射山操演后，玩兴正浓，兴致不减。于是率领众随从绕向东郊，一路玩耍，欲从东门回城。

然而此时，天空万里无云，烈日当头，暑气蒸腾。他们骑着马，一路跑马观花，离城二三十里时，一个个已是汗水湿透衣衫、口干舌燥了。

火辣辣的太阳下，树叶儿都蔫儿了，鸣蝉在树上吱吱地嘶叫，让人心烦。刘禅受不了，忙传令下去，叫随从侍卫去讨些水来，可是偏偏这地方前不巴村后不挨店，又去哪里讨呢？幸好一侍卫眼尖，发现前面有一片树林，林边半隐着一泓清水。水潭纵有十丈，宽及五丈，呈弧形，水清见底。潭边芦苇丛生，苇叶在空中摇曳；潭中碧波微

---

① 北宋乐史编著的《太平寰宇记》，是继唐代李吉甫的《元和郡县图志》而编写的史地名著。

荡，清澈见底，一群鱼儿悠游其间，恍如仙境。

刘禅见此水潭，大喜过望，立刻下马，饮水止渴；渴是止了，可燥热依旧，便顾不得宽衣解带，迫不及待地跳下潭去。

此潭水不仅清澈，而且凉爽，刘禅顿时感到暑热渐退，舒心得不肯离去。若非侍卫在岸上一再催促，还不知太子在潭中戏水到何时呢。

离潭不远，有一小丘。刘禅上得岸来，坐在土丘上休息，并晾晒衣服。

刘禅抬眼打量四周，但见遍野稻田绿波起伏，绿树、红花、翠竹环抱着座座农家茅舍，炊烟袅袅、花香阵阵，鸡鸣犬吠之声不绝于耳。刘禅心旷神怡，陶醉在这富饶美丽的景色中。

太子是"潜龙"，"潜龙"在小潭中游过，小潭就是龙游之潭，于是百姓将此潭尊为"龙潭"。刘禅继位后，感念龙潭风水，便在此修建一座寺庙，赐名龙潭寺。而他坐过的小土丘，就被人们称之为"太子墩"。从此龙潭寺香火繁盛，千古流传。

今天人们口口相传，说龙潭寺的来历与刘禅有关。那龙潭寺究竟建造于何年何月呢？

我们可以从"太子墩"这个名字展开分析。既然称之为太子墩，那么可以肯定的是，刘禅来到龙潭寺这方地界的时候，其身份还是太子。

而史料记载，刘禅做太子的时间并不长，只有短短的三年。

章武元年（221），刘备称帝，立十四岁的刘禅为太子。《三国志》记载：章武三年（223）四月二十三日，先主殂于永安宫。五月，后主袭位于成都，时年十七。

由于蜀汉帝的起居注没有流传下来，因此刘禅来到龙潭寺的时间，也就只能是个大概，应该是在章武元年到章武三年之间的某一年。但分析传说中的信息，刘禅当时应是贪玩好耍的年纪，因此更倾向于初立太子之时。

明末，兵马战乱，庙焚寺毁。到清朝乾隆四年（1739），地方官重修龙潭寺，规模扩大，占地二百余亩，僧众也增至百余。有人说，龙潭寺曾作为蜀汉的太庙而存在过，所以谐其太庙的"太"字之形，后别称龙潭寺为"龙潭大庙"。时至今日，当地的街坊邻里间都还依旧保持着"大庙"的叫法。太庙，是古代皇帝祭奠祖先的家庙。龙潭寺曾是蜀汉太庙这种说法未见诸任何文献，故而存疑。

据袁忠吉、段相银的《龙潭与"太子墩"的传说》记述：1929年，川康边防军奉命在龙潭寺设置官产清理处，凡是庙产即称官产，将官产卖给本场买主，上场的铺屋几乎全部出卖。又因和尚以庙屋对当地乡民高租重压，激起百姓的愤恨，强烈要求官府驱出了大部分和尚，只留下十多人，到20世纪40年代，庙里仅剩下三个和尚。其产业改由上街文昌会管理，其收入一部分作为慈善会之用，一部分作为乡课考试之用，大部分用于地方学校办学。为防止和尚重返庙宇，官府将河流改道，用庙子左边的土填平庙前的河流，引水入塘，把庙后小沟加深加宽，以挖断庙后地脉。如今的河流即改后的河道，后办学至今，为龙潭地区中心校。

今天，我们来到龙潭寺的后院，见到该寺赖以成名的"龙潭"，与蜀汉时期相比，估计变化已经很大了。今天的龙潭，由两泓潭水构成，东西并列，龙形分布，一头一尾，中间有一石拱桥连接。让人惊奇的是，大雨不涝，大旱不涸，潭水深度基本保持一致。更奇特的是，即使暴雨倾盆，水流湍急，此潭的水也会一直保持清澈，不会变浑。民间的说法是龙潭内藏有龙珠，因而有此奇景；其实，这是潭水的自净功能而已。

此潭已然成为成都人放生的最佳去处，每到放生季节，放生龟集聚，时而攀上古木，时而隐于水中，成为寺院内的一道风景。

远道而来的各界人士，走到碧绿的水潭旁，只见天地和自己的身影在水中，湛然空明，心中的尘世杂念涤除一空，不由得掬潭水洗尘，以求心灵明亮。

东山五场我为首

在成都市成华区，有一条与区同名的道路——成华大道。大道的西头在天府熊猫塔，东头就是大名鼎鼎的龙潭寺。龙潭寺所在的区域，历来有一个称呼——东山。

东山散布着大大小小的数十个乡场，人们根据长期的观察，达成了共识，将五个规模和影响都较大的场镇称之为"东山五场"[1]。其中华阳县有四个，简州有一个。它们就是：

甑子场（洛带镇）、隆兴场（龙潭寺）、仁和场（石板滩）、西河场（西河镇）、廖家场（太平场、清泉镇）。

中国文化十分讲究秩序或顺序，如五岳东西南北中，东岳泰山为首；四渎江河淮济，长江排第一。东山有哪五场，大家没有异议；但谁是东山五场之首，却分歧很大，莫衷一是，争论不休。

要厘清谁是东山五场之首，我们先来了解一下东山的情况。

在成都东面，有一个平均海拔高出川西平原数十米的丘陵地区，人们习惯称之为"东山"。清宣统元年（1909），成都学者傅崇矩在其著作《成都通览》中说：

---

[1] 杨丽娟著《杨丽娟客家书》汇集的关于东山五场的六种说法中，龙潭、洛带、石板滩均在列。《金牛区志》认为，因物资集散的原因，东山五场为龙潭、洛带、石板滩、清泉、万兴。谢桃坊的《成都东山客家人》认为，因规模大，又都均匀分布东山地区，东山五场为龙潭、洛带、石板滩、清泉、西河。其他说法，又多出了大面、黄土。

　　成都系平阳大坝，并无大山，东路之山起于五十里简州之龙
泉驿，西路之山起于一百里之灌县，其北路、南路之山皆简州之
龙泉山、灌县之岷山二山之支派耳。近城一带之凤凰山、东乡之
东山，皆黄土小坡，实非山也。

　　这里所说的"东乡之东山"，大多处于华阳县境内，故也曾被广
泛称为华阳东山。其实，东山还包括了原来周边的新都、金堂、简阳
的一些乡镇。

　　20世纪90年代末，谢桃坊等学者专门考察过东山，认为其范围由
成都近郊保和场东至龙泉山麓的万兴乡，约二十三公里，从新都县的新
店子南至龙泉区的大面铺，约二十公里，计为四百六十平方公里。如果
围绕东山一则，可从牛市口正东方向偏北行八公里至保和场，以此为起
点北上，经莲花、向阳、新山、新沙庙、白莲、磨盘山、天回山，折向
东经回龙山、木兰山、新店子、红瓦店，折向南经龙王场、卷棚寺、金
龙寺、万兴场，折回西向经两河、同安、大面铺、高店子、场柳店，返
回牛市口。这就是人们习称"东山"大致的地城范围了。[①]

　　而在东山这一片约四百六十平方公里的土地上，有着大大小小数
十个乡场。单《成都通览》"华阳县之乡场"中就罗列了三十七个，
我们看看这份名单：

　　中和场、青羊宫（望仙场）、复兴场、牛市口（得胜场）、新

① 《成都通史》编纂委员会编《成都通史》，四川人民出版社，2011，第114页。

店子（新兴场）、大林场、和江场、簇桥（华兴场）、白马滩、赖家
店、石羊场、三道桥（黄龙场）、高饭店（回龙场）、大面铺、窑子
坝（太平场）、蓝家店（兴隆场）、中兴场、苏码头（正兴场）、黄
龙溪、石板滩（仁和场）、红牌楼、胡家滩（文星场）、高店子（三
圣场）、土主庙（永兴场）、三星场（平安场）、清和场、顺河场、
傅家坝（永安场）、龙潭寺（隆兴场）、白马场、双华场、西河场、
倒石桥（万安场）、白沙坡、秦皇寺、公兴场、万兴场。这还不包括
东山范围内属于简州区划的部分场镇。

　　其实，东山五场若非要比较一个高下，不是没有办法。我们可以
按照建置历史、地理交通、行政地位、人口数量、教育文化、经济水
平等指标，进行逐项评比打分，每个单项第一，得1分，其余0分，
得分最高者为"东山五场之首"。

建置历史

　　洛带镇，俗称甑子场。传说，蜀汉时阿斗刘禅在此攻读，不慎将
腰间玉带失落于八角井中，故称洛带。据民国《简阳县志》记载，洛
带镇建场于明朝。

　　龙潭寺，也叫隆兴场。传说，阿斗刘禅在此地池塘沐浴乘凉，后
建寺庙而称龙潭寺。现在的场镇约于清康熙元年（1662）因寺庙香火
旺盛而逐渐形成。清代至民国，属于华阳县辖地。

　　石板滩，清乾隆时叫仁和里，道光三年（1823）更名仁和场，民
国属华阳县辖地，1954年划归新都。

西河场，位于成都正东方向，清代至民国，属于华阳县辖地。1960年划归龙泉驿。

廖家场，以廖姓人家聚居而得名，地处东山丘陵与龙泉山地接合部。乾隆初设场，民初改名太平场，1981年改名清泉，划归青白江。

据记载，后四场均建场于清代，晚于洛带，故洛带镇（甑子场）得1分。

地理交通

我们知道，在古代社会，一个府州县治所的所在地，一般都是该地区政治、经济、文化、军事的中心。而一个场镇的地理位置，也就是距离府州县治所的远近，也是该场镇发展的重要因素。在交通、信息尚不发达的时代，路程的远近，会极大地影响政策的传递、文化的传播、货物的贸易、人员的交流等。

民国《华阳县志》记载：隆兴场（龙潭寺）距治20里，仁和场（石板滩）距治38.8里，西河场距治32.3里，廖家场（清泉镇、古太平镇，俗称窑子坝）距治57.6里。这里的"治"，是指官府衙门所在地。洛带镇位于龙泉山麓，距离成都府的距离就更远了。

而龙潭寺，古来就是沱江水运货物转陆路进省城的必经之路，具体线路是金堂—淮口—石板滩—龙潭寺—崔家店—万年场—迎晖门，而龙潭寺则是这条货运线路中的中转站和集散地。今天，由于龙潭寺属于中心城区，公路、铁路、地铁都较为发达。此一项，龙潭寺距省城、府衙、县治最近，得1分。

行政地位

将一个地区作为当地最高的行政长官驻地，一般来说，都是选政治、经济、文化中心。或者说，选择某地作为行政中心，也必将带动该地的经济、文化等诸多方面的发展。据《双流县志》记载，清末民初，华阳县下辖九区六镇三十八场。东山五场的太平镇为第七区区署驻地，下辖太平、白沙、兴隆、万安、回龙五场；西河镇为第八区区署驻地，下辖西河、大面铺二场；龙潭寺为第九区区署驻地，下辖隆兴、仁和、同兴三场。洛带镇清代时曾更名为"甑子场"。1950年简阳成立第八区，驻洛带江西会馆。1955年，洛带区为简阳第十四区。[①]此后，五场的区乡设置与分割划出屡有变化，但区划的最高行政级别，就是区级。

综上所述，尽管五个场镇长期作为乡镇一级行政单位存在，但历史上甑子场、太平场、西河镇、龙潭寺都曾经作为区一级行政长官驻地，也是它们最高的行政级别。故此四场各得1分。

人口数量

人是劳动力，人是生产力，人是社会发展的基本要素。人口繁衍，是一个地区是否发达，是否有发展前景的一个指标。随着清初康、雍、乾三代的大量移民，以及休养生息，成都地区的人口数量得

① 刘义章、陈世松主编《四川客家历史与现状调查》，四川人民出版社，2001。

到快速的恢复，但每个场镇的增长速度不一。

据民国二十三年（1934）《华阳县志》记载的户籍与人口统计：隆兴场1600户，22000人；仁和场1200户，13000人；西河场415户，2476人；廖家场800户，4950人。据民国《简阳县志》记载，甑子场计6甲。由于没有具体人口数据，按照民国保甲制度规定"甲之编制以十户为原则，不得少于六户，多于十五户"进行估算，当时甑子场所在的安镇保场镇人口数量不会超过1000人。

而四川人民出版社2001年出版的由刘义章、陈世松主编的《四川客家历史与现状调查》一书，曾对东山五场的人口总量进行过统计，分别是：洛带镇22239人，龙潭寺49239人，石板滩30934人，西河镇30000人。清泉镇没有进入该书统计，笔者查阅了2015年的数据，为34985人。从这项数据看，龙潭寺应该得1分。

教育文化

民国二十三年（1934）《华阳县志》记载："龙潭寺乡学，治东北二十里隆兴场。清嘉庆二十年（1815），布政使林儁、邑令徐念高捐置，为乡学最早而成绩最优者。"到了清末，全国各地新式学堂如雨后春笋般兴起。光绪三十一年（1905），在龙潭寺大庙创办隆兴镇区立小学校。提庙会产及斗秤猪捐并教育局领款共约三千元，作为办学经费，同时支付同心场、仁和场的教育经费。同年，石板滩、西河镇分别创办隆兴镇仁和场三邑共立小学校、西河镇大面铺区立第一初级学校。光绪三十四年（1908），太平镇在文昌宫创办区立第一小学校。

龙潭客家素有兴教崇文的风俗，据《龙潭乡志》载，民国时期，客家大姓纷纷创办私立学校，如鹤林村张家祠的"张氏俊泽小学"，龙潭寺下街的"华阳范氏小学"，桂花林范家祠堂的"桂花林小学"，同仁桥范家祠堂的"同仁桥小学"，龙潭寺下街的私立"李氏民触小学"，林耀洲院子内兴办的"院山寺小学"等。

在洛带镇，以会馆为代表的移民建筑文化保留较为完整。场镇老街以清代建筑风格为主，呈"一街七巷子"格局，广东、江西、湖广、川北四大客家会馆、客家博物馆和客家公园坐落其中，又被人们称为"客家名镇、会馆之乡"。现在尚保存的会馆有广东会馆、川北会馆、湖广会馆、江西会馆等，其中广东会馆规模最大，也最能代表会馆建筑特征，强烈的客家文化气息和古朴风韵，使之有"中国西部客家第一镇"之称。

在教育与文化方面，龙潭寺与洛带镇花开两朵，各自芬芳，故各得1分。

经济水平

乡非镇则财不聚，镇非乡则利不通。这生动地说明墟市与周围的村落唇齿相依的密切关系。自唐设华阳县治以来，此地自古百业兴旺、商贾云集。曾有"论蜀之首富，原号天府，地称华阳"的盛赞。嘉庆《华阳县志》记载，龙潭寺、廖家场趁集日期二五八，石板滩、西河场趁集日期一四七。清代以来，隆兴场、仁和场均设有储粮数十万石的仓储。

明末清初的龙潭地区，除零星农业生产外，商品交易基本集中在龙潭大庙附近，售卖商品也以香蜡纸钱为主。在"湖广填四川"的带动下，成都近郊至龙泉山脉一带逐渐形成五个客家人聚居地，被称为东山五场。五场之一的隆兴场，依托北出成都咽喉要道的地理优势，逐渐成为成都城东北区域的商贸首镇。民国时期的隆兴场开始兴起家庭式小手工作坊，磨坊、烧坊、豆腐坊、碾坊、粉坊、面坊，差不多有七十家。当年最有名的粉坊是和成村的周学粉坊。乡场上的"赖挂面"也是成都很有名气的面坊。还有家何大生糕点铺子，十里八乡无人不知。隆兴场还出产纯正的粮食酒，民国时期全乡就有十二家烧坊，秀水的林家烧坊名气最大。

清乾隆以来，每年农历二月初八至二月十二是成都百姓赶龙潭寺庙会的时间。成都市区以及西河场、瓸子场、保和场、木兰寺、石板滩、廖家场的客家人都云集龙潭寺赶庙会，热闹程度毫不亚于城内青羊宫庙会。其他几个场镇都到龙潭寺赶庙会，其文化娱乐、经济贸易的吸引力可以想见。

由于地理优势，龙潭寺历来都是货物贸易的集散地，经济比较发达。1953年修建的龙潭寺国家贮备粮库就是成都七大粮仓之首，最新、最大，还是全苏式的最先进粮仓，是当时天府核心的粮食命脉。如今，六十多年过去，随着社会发展，成都的七大粮仓大都退出了历史舞台，仅有龙潭寺仍然担负着成都粮食储备的重要任务。作为主供成都人口粮的龙潭寺粮仓不仅养活了一代代成都人，还延伸出一个个关于粮食的记忆和故事。到现在，龙潭寺仅龙潭总部经济城一项，就引进世界五百强企业等亿元以上项目二十个，总部企业三十家，2012年全年技工贸总收入突破三百亿元。仅此一项，是东山其他四场所不能相比的。

综上所述，通过建置历史、地理交通、行政地位、人口数量、教育文化、经济水平等六项历史与现实指标的比较，龙潭寺得分最高，为东山五场之首，当不再有疑虑。

小小地名有说法

自清代至民国，龙潭寺庙甚多，庙会热闹。主要庙宇有龙潭寺大庙、火神庙和院山寺等，内以大庙和院山寺最为有名。据1983年编写的《金牛区文物普查资料汇编》记载：

院山寺

位于隆兴场东北，始建年代无考，清代咸丰癸丑年（1853）重建，为成都东山四大寺庙之一。距龙潭寺二公里，是龙潭寺至石板滩之间的要隘，为清末廖观音与清军激战之地。在院山坡顶，原先寺庙建筑宏伟壮观，有近百名和尚，供奉有东狱神，存五尊无头石刻像。庙前有一八角井，专供和尚饮水之用，井至今尚存。民国五年（1916）在院山寺设立隆兴镇区立第二小学。20世纪50年代作为中学校址，后为乡敬老院址。

威灵寺

位于隆兴场东南侧威灵大队。始建年代无考，清光绪年间重建。原建筑为石板房，内有石刻像。1949年后建0533仓库时毁。

向龙寺

旧址在今龙潭公社水泥厂内，系石结构房一间，内供火神石像，寺高丈许、宽数尺。1949年后已毁。

保平寺

旧址在今保平大队五队上坡园艺场对面河岸上。原有石板小房一座，内有石刻像和两棵古树，现均不存，为一片平地。

石马塘

位于石马大队八队，该塘水面五亩，现为生产队养鱼池。因附近有石马两尊而得名，据说以前还有石蛙、石龟等。石马在"十年浩劫"中被毁，现仅存残部。据谢桃坊著《成都东山客家研究》记载，民国二十八年（1939）十月初一，东山土匪抢劫疏散在石马塘的富户黄家烧坊。黄昏时，土匪装扮为查收厘金者。黄家烧坊主人拿出缴厘金的凭证，土匪又借口还要收缴鸦片，不由分说，将黄家男子赤膊搜身后，连同妇女、小孩一起关在一间屋内，大肆抢劫财物而去。石马塘今为成华区龙潭寺石马村，邻近八里庄和青龙场。

鹤林

位于鹤林大队四队。曾有成百上千只白鹤宿于此林,故为"白鹤林"。早年为张家柏林,有大柏树数百株。后大量砍伐,不再有白鹤栖息,以前称"白鹤乡",1958年成立人民公社后,改称为鹤林大队,现存少数柏树。

太子墩

在同仁六队,原墩子高约四米,相传阿斗刘禅在龙潭洗澡后曾于此处小憩,后人遂称"太子墩"。太子墩土丘上有一棵百年以上的野梨树,庙周围有数十棵百年古树。

在与不在的建筑

千年古刹龙潭寺

　　天下名山僧占多，中国的寺庙建筑在选址上多注重有所依傍，要么建于名山，要么立于大川，要么是一种独特的地理环境。龙潭寺三面环水，加之龙潭的神奇传说，因此当时的僧人们就选择了这块风水宝地。

龙潭寺迄今已有一千多年的历史，据记载："龙潭寺蜀汉所建，历代有修葺，清乾隆中重修。"①今天的龙潭寺，占地面积二十余亩，总建筑面积为五千七百多平方米。

龙潭寺有别于其他佛寺的南北走向，它是以东西纵向为中轴线的布局，这和龙潭寺独特的地理位置有关。寺庙正面中路为朱雀门，即山门，西北方为龙门，西南方为虎门。

现有主体建筑大雄宝殿、三圣殿、药师殿、大佛殿、灵龟殿、观音殿、韦陀殿、三神殿、地藏殿等九大殿。

龙潭寺的药师殿，修建于光绪十一年（1885），2015年重新修缮。药师殿也称药王殿，供奉"东方三圣"。殿中莲台上结跏趺坐的是药师佛，双耳垂肩，身穿华丽佛衣，面相慈善，仪态庄严。左边站立的是日光菩萨，手托太阳，象征光明。右边站立的是月光菩萨，手托月亮，象征清凉。药师佛是东方净琉璃世界的教主，又称"大医王佛"。他曾在行菩萨道时，发过十二大愿，每愿都是为了满足众生愿、拔众生苦、医众生病。药师殿殿内外有楹联九副，其中一副为：

佛力扶持，人间增福寿；
光明普照，大地呈吉祥。

龙潭寺的三圣殿，也叫西方三圣殿，供奉的是阿弥陀佛、观世音和大势至菩萨。龙潭寺属于佛教中的净土宗派。净土宗又被称为莲

———

① ［清］吴巩、董淳修：《华阳县志》，清嘉庆二十一年（1816）刻本。

宗，是专门修行往生西方极乐净土的法门，只重信仰，不重理论，是佛教中的易门。在《佛经》中，阿弥陀佛是西方极乐净土的本师，左胁侍观世音菩萨，右胁侍大势至菩萨。观世音菩萨具有三十二种化身，代表"大慈大悲"。传说在众生苦恼和受到灾难时，只要一心称念观世音菩萨的名号，他便即时观其声音，使众生获得解脱。因此，我们称他为"大慈大悲""救苦救难""普度众生"的菩萨，能使众生逢凶化吉、遇难呈祥，是中国佛教信徒最为崇拜、最为欢迎的一尊菩萨。唐代为避太宗李世民的讳，而去了"世"字，所以人们就简称他为观音菩萨。大势至菩萨主管智慧，并以他独特的智慧之光普照世界一切众生，使他们解脱血光刀兵之灾。两位菩萨协助阿弥陀佛接引念佛众生，合称为"西方三圣"。三圣殿两侧墙壁上画的是二十诸天护法神，他们都是保护佛法、保护寺院的护法神。

　　暮鼓晨钟，警醒世间名利客；
　　经声佛号，唤回苦海梦迷人。

　　龙潭寺的大雄宝殿修建于乾隆四年（1739），是整个场镇建造较早的宗教建筑。其建筑风格以明清为主（二龙抢宝），大雄宝殿是寺院中的正殿，也被称为大殿。大雄宝殿作为整座寺院的核心建筑，位于整个寺院的中心位置，也是僧人们朝暮集中修持的地方。大雄宝殿供奉的是本师释迦牟尼的佛像，而释迦牟尼的德号叫"大雄"，所以叫大雄宝殿。大雄，以佛具智德，能破微细深悲称大雄；大者，是包含万有的意思；雄者，是慑服群魔的意思。因为释迦牟尼佛具足圆觉智慧，能雄镇大千世界，所以佛弟子尊称他为大雄。宝殿的宝，乃三宝也，皆归此殿传持正法，指佛法僧三宝。大雄宝殿大殿正是主尊佛像，大殿两侧为十八罗汉、四大金刚，正中佛坛背后为观音像。最令普通信众喜欢的一副楹联是：

> 老病死，一脚踢翻，身外有生皆寂灭；
> 去来今，两头看破，眼前无幻不归真。

从龙潭现存寺庙建筑质量上来说，绝大部分寺庙建筑至今依然基

▼ 龙潭寺寺庙　成华区文体旅局供图

本保存完好，但还是在一定程度上存在被毁、无法辨别以及一些殿堂无存的情况。

1998年，龙潭寺被成华区政府立碑保护，确定为区级文物保护单位。成华区在对龙潭寺进行精品寺院改建的过程中，不仅将佛教文化与地域文化结合形成主题文化传承光大，还着重从建筑形态入手，结合寺庙建筑的空间布局、建筑形式、景观再造等进行全面整体设计，使寺院整体建筑形态体现出"佛教文化为核心，庄严肃穆为本色，特色建筑为基础，园林景观为依托"的特色，使之具备"独特、美观、庄严、厚重、和谐"的魅力。

龙潭寺内的空间布局是以单座建筑组成庭院，进而以庭院为单元，组成各种形式的组群。单体建筑以长方形平面为主。重要建筑大都采用均衡对称的方式，沿着纵轴线进行设计，借助于建筑群体的有机组合和烘托，使主体建筑显得格外宏伟壮丽。其他建筑及风景园林则采用了"因天时，就地利"的灵活布局方式。

主建筑如大雄宝殿、西方三圣殿、药师殿、千佛阁等的屋顶造型最为突出，都是大屋顶，显得稳重协调。屋顶中直线和曲线巧妙地组合，形成向上微翘的飞檐，不但扩大了采光面、有利于排泄雨水，而且增添了建筑物飞动轻快的美感。

彩绘具有装饰、标志、保护、象征等多方面的作用。油漆颜料中含有铜，不仅可以防潮、防风化剥蚀，而且还可以防虫蚁。在古代，色彩的使用是有限制的，明清时期规定朱、黄为至尊至贵之色，目前龙潭寺内的匾额、楹联以及塑像就是以黄色和红色为主。彩画多出现于内外檐的梁枋、斗拱及室内天花、藻井和柱头上，构图与构件形状密切结合，绘制精巧，色彩丰富。

龙潭寺内的雕饰也是其建筑艺术的重要组成部分，包括墙壁上的砖雕、台基石栏杆上的石雕、金银铜铁等建筑饰物。雕饰的题材内容也十分丰富，有动植物花纹、人物形象、历史传说故事等。

在龙潭寺有八大奇观，除前面讲过的千年古刹、千年龙潭，还有八角古井、千年古树、千年灵龟、石羊跪乳、迦楼罗鸟、石雕马桩等。

千年龙井形若八卦

"龙潭寺华阳治东，寺内有古八角井"。[①]

据传，龙潭寺内的这口古井，直径两米左右，颇有些神奇之处。人们都说此井与皇城的护城河相通，每遇锦江涨水，此井必有泉水涌出。这与大慈寺的"海眼"有几分相似。

这口井的井沿，呈工整的八角形，"八角井"由此得名。八角井形似八卦，古人亦当作是一口八卦钟，立于井上起到驱邪的作用。古井水深达十多米，水质甘醇，来这里汲水的人络绎不绝。这口八角井就像一位智慧的老者，历遍风云后，已没了当初的容貌，八角井虽失，但"井魂"犹在。

往事越千年，那些博古通今的善男信女每到这里，脑海中就会浮现出远古那农耕文明与皇家寺庙文化交相辉映的画面。

---

① 参见康熙《成都府志》。

更为吸引人的传说是庙中古井藏宝，大庙中有两口井，至今还在用的是厨房天井中的一口。另一口在原大庙僧众禅房中，民国初年已用大石盖上，堆上泥土。从祖辈口中得知，井中有一铁柜，内有珍宝和张献忠的藏宝图，记载着张献忠搜集到的珍宝和他铸造的巨大银蛇"莫奈何"的掩埋地。此事知者甚少，由于过去知道的人怕遭报应，又怕柜中有剧毒，一直无人敢动，最后封闭了事。

千年古树枯木返春

"龙潭"中有一呈半岛型的自然土坛，上有一棵千年以上的古重阳木树，苍劲挺拔，独占风光。传说它是龙神化身，只为守护潭内龙珠。这一棵千年古树记录着寺庙的历史，聆听着千年的晨钟暮鼓，见证了蜀汉王朝的兴衰。相传寺院曾两次被损毁，而古树却奇迹般地保存了下来。寺院和古树融为了一体，寺在树下，树在院里。树以寺荣，寺以树贵。

另有一棵千岁重杨木古树在寺院中心，在枯死三十多年后，竟然再度逢春，枝繁叶茂，亦被人们敬为神树。也许是千百年来的神灵和佛陀的庇佑，在人们虔诚的祈祷跪拜和香烟缭绕的熏陶下，如今古树依然灵气隐隐。善男信女视此树为神树，每逢初一、十五便前往敬香祈福。逢年过节，都有人来这里祈福。或把红绸布缠在树干上以图吉利，或插上一炷香，以求风调雨顺、和谐平安……

如今，寺庙和古树这种剪不断的情结，形成了独特的风景，凝固成了闹市中静谧的心灵家园。

千年灵龟背负五行

龟是吉祥四灵之一，中国有句俗语叫作"龟鹤延年"，认为龟是灵物，寿命长，广纳万物之精华，代表着"仁寿祥瑞"。古人还认为龟可以作为天人沟通的媒介。

灵龟大约三十公斤，灵龟背有八块——乾坎艮震巽离坤兑八卦图形，又有十二块代表每年十二个月的图形。纹路共有五格，与五行的金木水火土吻合，其四周有二十四格，与二十四节气暗合。

千年灵龟更增添了龙潭寺的神秘，不少善男信女以观瞻灵龟为荣，因为他们通过灵龟身上散发出的那一丝丝神气，就能与风云变幻的王朝"神会"，恍惚又回到了那战火纷飞的春秋战国、刘姓蜀汉……

石羊跪乳寓意孝道

《增广贤文》曰："鸦有反哺之义，羊有跪乳之恩，马无欺母之心。"在龙潭寺，有两只栩栩如生的石羊跪乳古石雕伫立其间，单只重达一千公斤。这对石羊在龙潭寺附近出土后，其来源曾存争议。鉴于龙潭寺鼎盛时期面积曾达三百余亩，按此面积计算，确认石羊跪乳石雕系龙潭寺原有文物，最终移送寺院保留。

佛教初传中国时曾存疑惑，"身体发肤受之父母，不可毁伤"，于是佛教剃发出家被认为是不孝之举。事实上，佛教是一个重视孝道

▲ 龙潭寺石羊　成华区文体旅局供图

的宗教。例如《父母恩重难报经》记载母亲怀胎生产的艰难、危险以及养育儿女的艰辛，因此说："假使有人，左肩担父，右肩担母，研皮至骨，穿骨至髓，绕须弥山，经百千劫，血流没踝，犹不能报父母深恩。"足见佛教对孝道的重视。龙潭寺出土的石羊跪乳石雕则是佛教重孝的最好物证，至于为什么会"跪拜"，虽然考古学家做了各种各样的假设、推测，但至今仍然是历史之谜。

迦楼罗鸟攀亲佛祖

在龙潭寺内出土了另一个古石雕，但此石残缺，其上只有大鹏金翅鸟的翅，却并无鸟身。

这大鹏金翅鸟是什么来历呢？

金翅大鹏鸟，也称大鹏金翅鸟。《西游记》里面提供了大鹏的来历。据如来所说，混沌初开，天地交合，万物皆生。飞禽以凤凰为长，凤凰得交合之气，生下孔雀和大鹏。孔雀曾经把如来吞下肚子，被如来剖开脊背，跨上灵山。此后如来想杀孔雀，被诸佛劝解，封孔雀为佛母孔雀大明王菩萨。这么说来，迦楼罗倒成了如来佛祖的老娘舅啦。

在《西游记》里面，大鹏鸟是以大魔王形象出现的，狮驼洞的三大王鹏魔王，外号云程万里鹏。其外形糅合了印度神话跟中国庄子的文章："金翅鲲头，星睛豹眼。振北图南，刚强勇敢。变生翱翔，鹮笑龙惨。抟风翻百鸟藏头，舒利爪诸禽丧胆。这个是云程九万的大鹏雕。"大鹏鸟神通广大，是仅靠战斗力，而非法宝或法力就能胜过孙悟空的少数妖怪之一，如来也说过只有自己才能收服大鹏鸟。大鹏鸟不仅战斗力强，而且非常精明。

大鹏鸟在中国多部古典文学作品中均有出现，但为什么在龙潭寺里却以实体方式出现，这至今也是一个谜。

一般来说，迦楼罗以人面鸟身、鸟面人身或全鸟身形象出现。

人面鸟身形，其身肚脐以上如天王形，只有嘴如鹰喙，绿色，面呈愤怒形，露牙齿。肚脐以下是鹰的形象。头戴尖顶宝冠，双发披肩，身披璎珞天衣，手戴环钏，通身金色。身后两翅红色，向外展开，其尾下垂，散开。泰国国徽上的迦楼罗就是此形象。

鸟面人身形多出现在中国中原地区的佛教寺庙中，迦楼罗常常以观世音化身之一的身份出现在供奉观音的圆通宝殿中，全身白袍，人形，唯面部尖喙，仍是鹰形。

全鸟身形多出现在中国西南地区，迦楼罗往往以金鸡形象出现，立于塔顶。另外，印度尼西亚也以迦楼罗为国徽，也是全鸟形象。

佛教按照《妙法莲华经》等佛经的说法，迦楼罗是护持佛的天龙八部之一，有种种庄严宝相，金身，头生如意珠，鸣声悲苦，每天吞食一条龙王和五百条毒龙，随着体内毒气聚集，迦楼罗最后无法进食，上下翻飞七次后，飞往金刚轮山，毒气发作，全身自焚，只剩一个纯青琉璃心。

天下有无数迦楼罗，由威德、大身、大满、如意四大迦楼罗王统领。同时，迦楼罗也是观世音化身之一。

据《舍利弗问经》所说："迦娄罗[①]神者。先修大舍。常有高心。以凌于物故受今身。"

石雕马桩见证辉煌

龙潭寺建寺之初，称之为大庙，传说仅供皇亲国戚祭拜。寺院内施工时曾挖出一拴马桩，底座呈圆形，中间立石柱，雕刻纹理清晰可见。

过去官吏到此，文官下轿，武官下马，以示对这座曾经的皇家寺庙的崇敬。马桩的发掘就印证了龙潭寺曾经车水马龙、香火缭绕的荣

---

① 后统一写为"迦楼罗"。

光，也印证了这座古寺曾经的"辉煌印迹"。

　　在整个龙潭街道，除龙潭寺外，昔日尚有院山、宝瓶、向龙、威灵四座寺庙。院山寺建于清代，相传庙宇建筑宏伟壮观，有近百名和尚，供奉有狱神。庙前有一口八角井，至今尚存。每年3月办花会，热闹非凡。20世纪50年代曾在此办农业中学，后改作乡敬老院。宝瓶寺在龙潭寺西一点五公里，保平村范围内，寺内供奉观音菩萨，一度香火兴盛，1963年已毁。向龙寺在龙潭寺南一公里，建于清代，因面向龙潭寺而得名，今已不在。威灵寺原名关帝庙，建于清光绪年间，相传关羽于此威名显灵。

龙潭寺的三大会馆

龙潭寺是一个客家聚居地，大多数移民都来自广东，除此以外，还有来自江西、湖广的移民。二百多年前这里的三座移民会馆，就是这种移民族群的证明。

今天我们走进龙潭寺，处处是栉比鳞次的高楼大厦，已见不到当年会馆的身影，但我们从当地老人的讲述及民国《华阳县志》等相关文献中，还是可以得知当年会馆的一些情形。

南华宫：广东人的会馆

乾隆四十七年（1782），也就是在二百三十多年前，今龙潭寺上街和下街人头攒动，当地居民都走出家门，涌上大街来看热闹。原来是两座雕梁画栋的会馆建筑竣工了。

位于龙潭寺上街的，是广东移民修建的广东会馆。这广东会馆门开三道，房起两厢，中有戏台。台前有一惜字库，一丈来高，镔铁浇铸。库壁上"惜字如金"四个铭文清晰可见，意为劝导族人崇文重教。在会馆的最紧要处，供奉着禅宗六祖惠能的塑像。两旁的廊柱上，刻着惠能的著名诗偈：

菩提本无树，明镜亦非台。

本来无一物，何处惹尘埃。

广东会馆，也叫南华宫、六祖庙。之所以用"南华"和"六祖"命名其会馆，这与禅宗六祖惠能大有关系。

惠能，生于贞观十二年（638），二十四岁的时候，在黄梅得法，接过五祖弘忍的衣钵。后来惠能弘法于岭南四十年，对岭南文化的启迪和海国远人的向慕，都有所贡献。惠能得到中原皇室的尊重，受到了皇室礼请及供养。所以王维在《六祖能禅师碑铭》中赞叹道："实助皇王之化。"到唐德宗贞元十二年（796），惠能被钦定为六祖。

惠能出生、弘法都在广东，是该省人引以为豪的乡贤人物，并演变成当地著名的乡土神祇。由于南华山是六祖惠能的道场，广东会馆也因此叫南华宫了。供奉六祖惠能，也就成为广东会馆的标准配置。

客家人曾有一句话，叫作"供不供，南华宫"。

什么意思呢？说的是供不供养老人，就看一看南华宫是如何供奉六祖惠能的。可见南华宫在客家人心目中具有难忘乡土、不忘孝道的意义。

因为二月初八为惠能授具足戒日，所以每年的农历二月初八至十二的五天中，东山一带的客家人到龙潭寺赶庙会时，大都会落脚在广东会馆，一可以享受免费的茶水，二可以悠闲地坐在在大戏台前，听唱戏、看杂耍。

随着时代的变迁，广东会馆也改变了用途。到了民国时期，龙潭寺的南华宫成了农贸市场，贩卖辣椒、棉花、棉纱等农产品。而会馆门前则是珠宝玉器市场，地摊上摆满了各种古玩字画。到1929年，一位张氏客家人在南华宫旧址办了一所私立初级小学。中华人民共和国成立后，南华宫失去会馆功能，成了成都军区修械所。

禹王宫：湖广人的会馆

同年建造于龙潭寺下街的是湖广会馆。湖广，作为地名，在明清及其以后指两湖，即湖北、湖南。

湖广会馆，也叫禹王宫，供奉治水英雄大禹。

湖广会馆之所以祭祀大禹，与传说中的"禹王疏九州，使民得陆处"相关，加之两湖水患连年，故有借禹王之威来镇邪之意。所以，湖广会馆为人所熟知的命名还有帝主庙、帝主宫、禹帝宫、护国宫等。各地禹王宫都有纪念大禹治水的楹联，如：

治水建功勋，千秋楷范留青史；
为官思社稷，百姓温凉系赤心。

龙潭寺禹王宫由早期移民中的湖南、湖北人捐资兴建。大殿和戏楼上的木雕，多刻有"二十四孝"和《西游记》《封神榜》中的人物故事及山水花鸟，工艺精湛，精美绝伦。

湖广人比广东客家人入川早，因而占据了大多城镇和平坝地区，在土地贫瘠的东山龙潭寺一带，人数较少，其会馆规模也就不大。民国时期，龙潭寺湖广会馆四周是米糠市场，是民间艺人卖艺、巫师卜卦、测字、看相和小商小贩谋生之处。

据老人们介绍，原龙潭寺公安派出所，后为成都无线电五厂职工家属宿舍的地方，就是清代湖广移民兴建的湖广会馆遗址。而当时属于华阳县龙潭寺管辖的仁和场（今石板滩）也建有一座禹王宫。

万寿宫：江西人的会馆

乾隆四十五年（1780），龙潭寺下街矗立起了一座江西会馆。

龙潭寺江西会馆由江西移民修建，也称万寿宫。同样，在江西会馆里也供奉着一个神，来自赣地的保护神——许真君。

许真君，原名许逊，生于南昌县长定乡益塘坡。他少敏学，及长立志为学，精通百家，尤好道家修炼之术。真君四十二岁任蜀郡旌阳县令，居官清廉，政声极佳，深受百姓爱戴。后来他四处云游，为民根治水患，兴利除弊，成为当地的保护神。据传，他在一百三十六岁时去世，一家四十二口"拔宅飞升"。后世为了纪念神仙一样的许逊，便在其故居建起"许仙祠"。到了北宋，因为真宗御笔题写了五个大字——"玉隆万寿宫"，从此以后，江西移民便把全国各地的江西会馆称之为万寿宫。

民国时期，江西会馆附近有一土地庙，颇为灵验。人们为祈求土地肥沃，五谷繁滋，故而整日香客盈门，香烟缭绕。江西会馆周边，是测字、算命、卜卦的功能核心区，多闯荡江湖的术士，谎话连篇，骗人钱财，因此又叫扯谎坝。

"扯谎坝之组织，虽极复杂，而说评书、打金钱板、看相、拆字、卖假药等等生意，则为扯谎坝之重要分子。"①成都城内外便有十多处类似扯谎坝这样的地方，上千人在这些地方得到娱乐。这些大众表演对普通人的影响是不言而喻的，这也是国家重视对其进行改良和控制的原因之一。

与此形成鲜明对比的是，这些地方在赶集日也会聚集大量农村妇女。她们将机织的土布、夜绩的麻线等农家产品拿到这里交易。

1927年，江西会馆对门的范氏祠堂办起了一所华阳范氏私立小学。范氏在龙潭寺家族非常兴旺，是龙潭人数众多的张、范、钟三大姓氏之一。范氏私立学堂广收农家子弟入学，学校经费由范氏祠堂提供。因每个氏族的祠堂都有众多田地产业，该校每年约有两千元教学经费。

后来，江西会馆成了盲哑人工厂，再后变为成都重型机动车厂。

成都有句竹枝词道："争修会馆斗奢华，不惜金银亿万花。"②

为什么各地移民这么热衷于花费巨资"争修会馆斗奢华"呢？这与明清时期的社会、经济、文化有着密切的关系。

当时，各省移民聚族而居，为保持原籍生活的习俗，共谋大事，不为外族欺凌，以抵御可能出现的土地、财产和人际纠纷，他们纷纷以乡谊为名，争相修建同乡移民馆所，这些会馆是清初外省大量移民入川历史的见证。

民国《犍为县志》就说："同籍团体以会馆为集中地。各处会馆之建筑物崇宏壮丽，可为其团结最富之明证。"清初移民过程中建立

---

① 王笛：《茶馆：成都的公共生活和微观世界》，社会科学文献出版社，2010。
② 林孔翼：《成都竹枝词》，四川人民出版社，1986。

的会馆，自觉扮演了地方自治组织的角色。

那会馆具体管什么事呢？

比如，每年同籍的老老少少将聚集会馆，庆神演戏，大摆宴席，盘点一年的事务。遇到同乡科举高中，也会聚集会馆，庆祝饯行，赠送程仪。若是起了争端，也会报请管事，到会馆评理，说说子曰。会馆也会根据官府的要求，受理处置一些涉及同乡人的小微案件。会馆的管理者，就是官民的枢纽，起着上情下达、下情上达的作用。

有学者认为，会馆作为服务原乡人的公共建筑或者社会组织，其作用和影响大于宗祠，"移民内部的内聚力强大，削弱了当时传统的宗法制度和经济政治地位上的登记制度，使广大平民和贫苦农民在一定程度上受到了照顾，特别是有利于提高小生产者抵御自然灾害等意外打击的能力。"

四川移民会馆建立的时间，大多集中在康雍乾嘉年间。据记载，从乾隆三十年（1765）到道光六年（1826），六十余年间，华阳一县就建有广东会馆十座、湖广会馆八座、江西会馆三座。不仅限于城内，还遍及广大的农村场镇。除此以外，在龙潭寺所辖的同兴场（今木兰），还各有川主庙、天后宫一座。

但是，自清末新政以后，特别是科举制度废除以后，会馆旧有的功能已经不再能适应新的时代变化，走向衰落是必然趋势。为了适应新的时局，会馆的管理者只能改变其原有功能，办成新式学校，才能免予被当政者搜提。据民国《华阳县志》记载："自民国以来，官公营庙祠会各产搜提变卖净尽，而此区区学产尚能保留，使学校之根本不致动摇，使当事者上略有忌惮也。"

　　至此，会馆渐渐退出历史舞台，其原乡自治功能被新的社会功能和治理形态所代替。全国各地的会馆如此，龙潭寺三大会馆的残砖剩瓦，到今天也都消失在人们的视野中，仅仅留下一些口口相传的记忆了。

魁星楼　火神庙　城隍庙

中国古代统治者如何掌控基层社会以及普罗大众的日常生活？一般而言，就是修建一些公共建筑，如祠堂、庙宇等，供奉一批神明，举行一些活动，从而影响人们的精神领域。

在龙潭寺，除了大庙、三大会馆以及各家祠堂，还有两处具有公共功能的古代建筑，那就是魁星楼与火神庙。

祈望金榜题名的魁星楼

在龙潭寺下场口，有魁星楼巷，此巷原为魁星楼旧址。老年人说，这座魁星楼起码有两三百年的历史。至今还有一条以魁星楼命名的小巷。这条小巷南起龙潭大庙小桥处，止于龙潭寺下街。旧时的魁星楼是一座木质结构、精巧别致的三层古建筑，跨街而建，车马、行人都从楼下经过。其上层塑有神像，中层供奉魁星，两旁有钟楼、鼓楼。相传，香火鼎盛之时，朝夕晨昏之际，魁星楼的钟鼓声远播四方。

我们知道，龙潭寺居民多为清代的客家移民。客家人历来就有诗书传家的风俗，所谓"穷不丢书，富不丢猪"是也。不管家庭条件如何困难，无论如何都要将家中子弟送去私塾读书。如成都鼎鼎大名的评书武状元戴全如、川剧活吕布李甲生，都出身在龙潭寺贫困的客家家庭，他们能在各自领域取得大的成就，也是因为从小读过几年私塾。人们都希望家族中能出一位高中金榜的进士，光宗耀祖，这是每一个家庭的最高理想。

因此，客家人对魁星的崇拜，就顺理成章了。

1953年，龙潭寺修建街道时，魁星楼被拆除，后来又变为了禽蛋市场。其间供奉的魁星长什么样，我们不得而知，但是中国各地的魁星崇拜都大同小异，我们可以到相关文献中去看看。

传说，魁星为北斗七星的前四颗，主管禄位。其面目狰狞，金身青面，赤发环眼，上头还有两只角，脚踩在海中的一条大鳌鱼的头部，意为"独占鳌头"。

每逢考试时，魁星便右手握一支大毛笔，左手捧一斗，四处巡视。据说斗里是众考生的姓名，如果有幸被魁星那支笔点中，就可以金榜题名、独占鳌头。

后来人们玩文字游戏，戏称将"魁"字拆开，一半是鬼，对应魁星面貌丑陋；另一半是斗，对应魁星才高八斗。旧时戏剧唱词说："任你文章高八斗，就怕朱笔不点头。"就是说魁星手中那支可以左右人生命运的朱笔。每逢农历七月初七魁星生辰，当地文人会前来朝拜，以鲜活的青蛙祭祀后放生祈福。龙潭寺的魁星楼规模较小，仅有正殿，供奉魁星造像。

旧时有一出川剧，叫《魁星笔》，讲述了魁星面目狰狞的来历：

说书生文金玉，上京献宝——往镐京去见帝王，中途遇青鳌二妖迷惑，被引诱与之成婚；仓颉神发出雷电，将妖精击毙，而误伤文金玉。只见舞台上电闪雷鸣中，文金玉由文生变武生，以武生开脸出声，拜仓颉为师，仓颉赐以"三宝"：魁星右手所握之笔，左手所拿之如意斗，斗上所押之富贵花。

文金玉献宝有功，被封官晋爵。但在谢恩之时，出了意外。原来他脸上的累累疤痕得罪了观众，惹得英明神武的尧帝也看不下去了，说："此乃山精海怪，退回他所献宝物，驱逐下殿。"文金玉的自尊心受到极大的伤害，悲愤地叹道：

> 千里迢迢到镐京，中途偶遇二妖精。
> 雷火一起面容损，吾师仓颉指前程。
> 赠我三宝把京进，尧王重貌不重文。
> 满腹珠玑成画饼，今我碰死在午朝门。

尧帝知错，追封文金玉为"替度魁神，掌管天下文运"。

与魁星楼功能相似的公共建筑，原龙潭寺地界上还有一座文昌宫。据龙潭寺《廖氏族谱》记载，廖氏家族曾在仁和场即石板滩街上建有一座文昌宫会馆，其雄伟程度不亚于古庙会馆，其街因此命名为文昌街。文昌六星，就是我们熟知的文曲星。元代将唐代蜀人张亚子奉为文昌帝君，主管科举考试，也是读书人拜祭的专属神祇。1902年，廖观音曾率部在文昌宫习拳练武。

古时候，各地都有魁星楼、文昌宫，读书人拜魁星、文昌，祈求在科举中榜上有名。魁星楼、文昌宫具有浓厚的中华民族风格和地方文化特色，是灿烂的中国文化遗产的一部分。

拜祭龙潭寺的魁星和文昌灵验吗？

据笔者所知，龙潭寺还真出过两位进士，而且还是父子俩。

曾咏，华阳县龙潭寺门坎坡（今木兰）人，道光二十四年（1844）甲辰科，高中三甲第二十三名进士，授户部主事，后任江西吉安知府。曾咏的儿子曾光岷，光绪十五年（1889）已丑科，高中二甲第一百二十四名进士，任刑部主事。据统计，清代华阳县考中进士的有三十人，居全川前列。曾咏、曾光岷位列其中。①

清朝光绪三十一年（1905），科举制度终结，魁星楼也逐渐衰败。龙潭寺的魁星楼也是如此，香火渐少，成为售卖鸡鸭的家禽市场。之前几年，这个家禽市场还十分热闹，城里的婆婆大爷都爱搭乘公交车跑到这里来购买土鸡、土鸭。

▲ 行书七言联　曾光岷书

一个地方有无文庙、文昌宫、魁星楼等公共文化建筑，是当地对教育的重视程度以及文化是否昌明的重要体现。数百年来，龙潭寺作为成都近郊的客家人聚居的小场镇，以自己独有的耕读传家的传统，

① 李朝正主编《清代四川进士征略》，四川大学出版社，1986。

与社会的进步、文化的发展保持了同频共振。

供奉马王爷的火神庙

龙潭寺老文化人王建明曾撰《龙潭旧貌》一文，文中说，在龙潭寺中街，曾经有一座火神庙，因修建街道被拆除，只有戏台尚存今迎宾茶社里。[①]

三十多年过去，王建明先生已经故去，其笔下的火神庙戏台也消失殆尽，片瓦无存，仅剩下1994年以火神庙命名的东西南北四条街名。

那这龙潭寺的火神庙是什么时候兴建的？传说，龙潭寺火神庙年代久远，始建于汉代以前，此说存疑。但据记载，"火神庙，治东北城外二十里隆兴场，乾隆五年（1740）建"[②]，是龙潭寺公共建筑中修建较早的一座。

龙潭寺火神庙庙堂不大，却十分精致，供奉火神及驾下九条神龙。庙内居中主位塑有火神像，身形高大威猛，三头六臂，六臂各执火葫芦、火印、火剑、火弓、风火轮、火龙。每逢农历四月初八火神诞辰之日，龙潭寺四周农家和自城内赶来的信众齐聚火神庙，祈求火神庇佑。

那火神又是谁呢？

---

① 中国人民政治协商会议成都市金牛区委员会文史资料工作组编《金牛文史资料选辑》第二辑，1985。

② ［清］吴巩、董淳修：《华阳县志》，清嘉庆二十一年（1816）刻本。

先看一段《西游记》第九十六回的故事：

唐僧一行离开寇员外家，天色已晚，不知到哪里安歇。

孙悟空眼力不错，一眼看到路旁有几间屋子，急忙请唐僧进去安歇。唐僧走近一看，看到一座倒塌的牌坊，坊上有一旧匾，匾上有落颜色积尘的四个大字："华光行院"。

看到这几个字，唐僧赶紧下了马，显出很恭敬的样子。他对孙悟空解释道："华光菩萨是火焰五光佛的徒弟，因剿除毒火鬼王，降了职，化做五显灵官，此间必有庙祝。"

华光菩萨，原来是如来佛祖身前的一盏佛灯，因为经常听佛法，因此顿悟成菩萨。但是，他却是火炮脾气，因为独火鬼经常前来捣乱，他一怒之下，用火烧死了独火鬼。

按理说，这独火鬼做得不对，但佛教慈悲为怀，你再占理，要了人家性命，说破天也不对。于是，佛祖将他贬到凡间，投胎马耳山娘娘腹中，出生后就成了三只眼。

哪知，这三只眼不让人省心，仍旧不断搞事。大闹东海、抢夺金枪……最后解脱的方式无非就是转世。如是者三。终于转到最后一次，玉皇大帝见他耿直英勇，封他为火部兵马大元帅、五显灵官，民间把他当作火神崇拜，这下他终于不闹了。

所以，这家伙有无数个IP，分别是五显大帝、五圣大帝、五通大帝、华光菩萨、马天君、马灵官……他从佛教的菩萨变成了道教的神仙，这在道典、佛典都有记载。

但在民间，他最响亮的名字还是马王爷，脾气暴躁，动不动就喷火，要烧光妖魔鬼怪。民间流传这样一句俗语，"你可知道马王爷，三只眼不是好惹的"，就是说的这位仁兄。

火神庙的信仰祭祀，其实有两重意思：一是祈求火神爷配合人间的"消防工作"，不至于出现火烛之灾；二是祈求马王爷目光如炬，明辨是非好歹，惩治人间的坏分子。

清末民初，龙潭寺的火神庙是东山举办"九皇节"的场所。

九皇节，民间俗称"九皇会"，原本是道教的一个节日。道教认为，农历九月九日为"北斗九皇大道君"诞辰，也称斗姆诞辰。九皇信仰即北斗信仰，是中国传统中最古老的星辰信仰。江西移民的乡土神祇"许真君"著的《玉匣记》说："九月初一至初九日，北斗九星隆世之辰，世人斋戒，此日胜常日，有无量功德。"连续九日，不断礼拜北斗诸星，可以消灾延寿、福禄双至。

那九皇节拜祭的是谁呢？

九皇，是指天上的北斗九星，是北斗七星（贪狼、巨门、禄存、文曲、廉贞、武曲、破军）加上左辅、右弼两星的合称。

九皇会是为保地方平安而举行的一项隆重的斋醮祭祷仪式。那旧时人们是怎么做的呢？

请看龙潭寺火神庙"九月初旬九皇会"的情形：

> 从八月二十九起，各饮食店均洒扫，即炉灶锅碗亦皆另置，各贴不通之黄对联，或黄纸作彩帐，或黄纸剪旗，即饮食小贩挑担者亦如之。自九月朔日起，各庙宇做会念经，江西馆尤为虔诚，盖自江西传入成都者也。居民无论男女，朝夕燃黄油烛，焚香叩首，斋戒茹素，十之八九。有茹素九天者，有半月者，有

二十天者，有一个月者，消耗品以豆类为大宗。可笑者，茹素之前一日，举家大烹肉品，谓曰对斋，意欲以一日之肉食，可管十余日之不茹荤。及满索时，向例必夜间先送九皇，然后开斋。常见多人，未至午前，即一面在外购办鸡鸭，一面割烹，甫到日落，即燃香送神，举家大嚼。一似茹素九天，未免太苦，不能多延刻也。①

据说东山的九皇节是由江西的九皇斋演变而来，是移民原乡风俗文化的传承，故而傅崇矩的《成都通览》才说"江西馆尤为虔诚，盖自江西传入成都者也"。同治十二年（1873）《成都县志》还记载，江西客家于道光四年（1824）在县北六甲簸箕街建有九皇宫。可见，江西移民在迁徙的过程中，也把原乡的信仰带过来了。

每年农历的九月初一至初九，木兰、龙潭、泰兴等东山一带的村民纷纷来到龙潭寺过九皇节。连续三日，道士在火神庙前的平台上设坛诵经。而场上的商家店铺、摊位插黄纸制成的三角小旗，饭店只售素菜，乡民家家避荤食，日日进素餐，房前屋后、室内室外打扫干净，餐具、用具洗擦清洁。

1949年的"九皇节"是龙潭寺道士最后一次设坛诵经。中华人民共和国成立后，再无设坛诵经之事。但是，至今"九皇节"在当地仍为人知，每当九皇节来临，不少老年人仍有素食斋戒习惯，并到龙潭寺大庙上香献烛。

---

① 　［清］傅崇矩：《成都通览》，天地出版社，2013。

火神庙自建成以来,一直香火鼎盛,据说至20世纪五六十年代还存有庙堂。后来逐渐破败,挪为他用。如今火神庙已不复存在,为了留住这样一段传奇,民政部门将火神庙所在街道按新建道路方位命名为火神庙东、南、西、北街。以前的火神庙就位于北街西侧。此外,北街斜对还有一条以火神庙命名的小巷。

据当地人回忆,火神庙巷长不到两百米,宽不足三米。走进小巷抬头仰望,在两边屋檐之间,仅能见到长长的一线天光。每次逢场之日,格外热闹,巷子两旁小商小贩云集,各种买卖都有:纸钱蜡烛香,酱油麦醋姜;竹编加篾器,挖耳带剃头;种子与农药,瓜果和辣椒;三大炮好吃,鸭子荷叶包……

古老的信仰在慢慢消失。作为一种朴素的惩恶扬善的文化现象,我们还是应该研究了解,知其然,更要知其所以然,不应该仅仅停留在斋戒素食的层面去看待。

龙潭寺的城隍庙

明清时期,在成都城内有成都府、成都县和华阳县三个地方官的衙门,于是成都城内也就有了三座与之对应的城隍庙,即成都府城隍庙、成都县城隍庙和华阳县城隍庙。

成都府城隍庙,在今东大街北侧,俗称东门城隍庙。成都县城隍庙,原占地六十多亩,俗称北门城隍庙,在今府河以北的花圃路,后为电子市场。华阳县城隍庙,康熙年间建,位于东较场西侧,今仍有城隍庙街。

城隍的本义，是古代的城墙与城壕。

城隍为古代城市的守护神。那一般的乡镇会供奉城隍吗？

有的，在龙潭寺曾经就有一座城隍庙。

据记载，清乾隆四年（1739），庙宇得以维修，佛事活动鼎盛。随着朝拜信众的增多，寺院逐步扩大，时有庙产二百余亩，最兴盛时期，庙内僧人一度多达百余人。时有殿堂五座，大雄宝殿、观音殿、玉皇殿、城隍殿、十殿阎君。民俗与宗教合一。[①]

而民国初年，在龙潭乡龙潭寺内，建有城隍庙，已无存。[②]

据说，当时在龙潭寺二殿后侧，又加盖了几间庙房，供奉木雕城隍，到民国初年演变为城隍庙。民国时期，龙潭寺每逢农历七月初十举办城隍会。这天，城隍和城隍娘娘的木雕像都要抬出来游街，在火神庙前受三天香火。城隍会期间，通街挂彩，烧香的善男信女不绝于途，是龙潭地区的一大盛会。再后来就不知所终。

那为什么远离城市的乡村会建有城隍庙或城隍殿呢？

其实，这跟城隍的另一社会功能有关。

《太上老君说城隍感应消灾集福妙经》中说城隍神："公忠正直，有求必应，如影随形，代天理物，剪恶除凶，护国保邦，功施社稷，溥降甘泽，普救生民。""城隍尊神，显化无边，祷雨则甘霖苏槁，禾稼成熟，祈晴则化阴成阳，应时朗晴。"

明初，大封天下城隍神爵位，每年分别由藩王及府州县的主官亲自支持祭祀仪式。明太祖此举之意，"以鉴察民之善恶而祸福之，俾

---

① 参见《四川统一战线》2003年10期。
② 成都市金牛区文化志编纂委员会编《金牛区文化志》，1990。

幽明举不得幸免"。好人有好报，作了恶，即便跑到阴曹地府也不能幸免，因为城隍老爷在那边等着你。

这就是朱元璋及其后来者稳固江山的一种精神手段。

明清时期，城隍庙在城市中比较普遍，它是主流文化进行道德善恶教化的礼仪活动场所。当然在乡村，其建筑规模也许没有那么大，但惩恶扬善的神祇不能缺席，这也许就是在龙潭寺等乡场也有城隍庙的原因吧。后来，这样一些场所也逐渐演变为娱乐活动、商品交易的公共空间。

宗祠建筑范家祠

　　在龙潭乡境内及周边范家祠，原来共有八处祠堂，即清水沟、丛树各一处，同乐两处，同仁、石马、保和、西河各一处。经过时间的洗刷，保留到今天的，仅剩龙潭寺清水沟范家祠规模最大，较为完整了。

　　话说清雍正年间，在广东长乐县住着范钦若一家。这范钦若有五个儿子。长子范金靠教书为生，二子范锡独自营生，三子范璋和五子范玉身有残疾，只有四子范璧身强体壮，是家中的顶梁柱。

　　照理说，这老范家人丁兴旺，能文能武，吃喝不成问题啊。哪知道，人算不如天算。清雍正四年（1726），广东发生了一场大饥荒，全省十四个县青黄不接。据民国《大浦县志》记载："二月斗米银三钱，五月七钱二。山蕨、树叶、草根，采食殆尽。兼值时疫，染者即殒命，民之流离丧亡者，莫可数计。"这场大饥荒，到乾隆初年，影响依然存在，民生始终没有得到恢复。

　　而范钦若一家，将祖上留下的产业尽数典卖，也不能填饱一家人的肚子，有时家里竟连续七天揭不开锅。

　　有鉴于此，范钦若愤然道："大丈夫志在四方，奚必株守桑梓。吾闻西蜀天府之国也，沃野千里，人民殷富，天将启吾以行乎。"

　　于是，乾隆六年（1741），范钦若率领自己的五个儿子先后入川，他们先来到叙永的永宁县，租一刘姓人家的出地和房屋为生。乾隆十二年（1747），再次举家迁往成都华阳县巫家桥，佃得李若槐的田土耕种。

就在那一年的十一月，六十五岁的范钦若去世，葬于石板滩巫家桥。现在范家每年的农历二月初二都会到巫家桥祭扫入川始祖。

范钦若去世后，几个儿子各立室家，或搬到其他地方去了，只有四弟范璧和大哥范金，这二位家族精神领袖合伙做事。乾隆二十二年（1757），二人买下张姓田产，自此全家开始走上富足之路。乾隆二十九年（1764），范璧与范金分家。乾隆三十一年（1766），范璧买得清水沟冯氏田宅，次年便举家迁往清水沟（今威灵村六组）。

数十年间，范璧置良田七百余亩，营造广屋家园。看着儿孙辈日渐长成，开枝散叶，举族集合不易了。他想，祠祀阙如，是宗族的一大憾事。如果集合五房商议，锣齐鼓不齐，不知道又要等到猴年马月。

乾隆三十四年（1769），范璧在清水沟营建了范氏宗祠。五十一年后的嘉庆二十五年（1820），为纪念范璧对家族的贡献，范氏子孙将范氏祠改建为"璧公祠"。

古人讲究堪舆术，那范氏清水沟老祠堂的山形水势如何呢？

范璧字对扬，所以范氏后人称范璧为对扬公。范氏族谱里《清水沟对扬公祠图说》记载了以前老祠堂的概况：

祠在华邑东关外二十余里，地名清水沟。其龙由回龙寺起祖，磊磊落落，奔至马鞍山，顿起复钟金星为少祖，展开大帐，中出一脉，形势雄壮，穿帐过峡，枝脚蓄衍，逶迤三里许，从右转左，形似惊蛇出草。复撑开一障，障角出脉，束气成蜂腰，自酉转庚入辛，式入啄木空飞，入局顿起三台，又开大帐，正中抽出，成连气金星，掉身落下，左栖右内，脉气清秀，穿田入首，作壬山丙向。堂内宽畅平正，青龙砂逆水弯抱，收聚堂气。白虎砂绕过巽方，如玉带作近案，其于气复当面抽出，发为三重官星，两畔枝脚。回抱重叠，下臂逆关有力。水口山形作卧虎，其水出辰流寅转卯，居曲而去。以之立间。虽未尽美，亦庶乎可矣！

据范氏老人回忆，清水沟老祠堂为五进中式建筑，大门六扇，天井五个，花窗镂空，雕有"龙凤呈祥"图案。老祠堂周围树木森森，有柏树、皂角、肥珠子树等。

据谢桃坊、郭一丹等专家考察，东山范对扬名下原有七座祠堂：范对扬的儿子分为六房，六房各有一祠堂，加上从大哥范金名下买得的金公祠共有七座。分别在龙潭寺的石马村、鸭子池、桂花林、高堰坎、同仁桥、学堂店及威灵六组等地，今威灵六组的范家祠，是因应城市建设而迁建的，而非清代修建的璧公祠。

笔者也曾在范氏后人、成

▲ 范家祠　刘小葵摄　2017.8

华区客家研究会副秘书长范文钦的陪同下，参观过2014年迁建落成的范家祠新祠堂。

走近新祠堂大门，门额上一块黑漆木匾，上书"范家祠"三个大字，大门左右木刻贴金对联：

晋国大夫第

宋朝宰相家

▲ 范家祠内景　刘小葵摄　2017.8

走进祠堂，经过厅，穿天井，我们直奔祠堂的重点部位。抬头看，二进门上挂有"范氏宗祠"匾额，为谢桃坊先生所书。低头看，脚下的两块方石图案古朴，一道高约三十厘米的门槛，纹路清晰，包浆油亮，沧桑感十足。范文钦说，这些老物件都是老祠堂保留下来的，应该有二百多年的历史了。

来到正厅，祖堂前的楹柱上赫然一副对联："先天下之忧而忧，后天下之乐而乐。"昭示着龙潭清水沟范家时刻以范仲淹这位先祖为榜样，坚持"先忧后乐"的志向和追求。祖堂门楣上挂有"春秋享祀"匾，为光绪年间旧物。

进到祖堂内，映入眼帘的是祖先神位。上有"职在明伦"老匾，正中是范文正公像，线描画中范仲淹峨冠高戴，手持笏板，衣纹生动，须发飘然。两旁为神联：

晋卿隋会传文子

宋朝忠宣绍魏公

浓缩的文字表明了范氏家族的基因传承与历史渊源。上联讲春秋时期的一对父子。说晋国有一个大夫叫士会（也称隋会），因功封于范，他遂以封地为姓，是为范氏受姓始祖。其儿子士燮，在晋国也是功勋卓著的公卿。史称父子俩为范武子、范文子。下联说宋朝的一对父子。靖康元年（1126），范仲淹被追封魏国公，其次子范纯仁曾入阁拜相，死后谥忠宣。下联指范纯仁上分君忧、下疏民困，得益于其父教化之功，同时也暗示龙潭范氏出自范纯仁一支。

龙潭寺客家碉楼

如今走进龙潭寺，高楼林立，鳞次栉比，一两百年前的客家民居和碉楼建筑，已经杳无踪迹。作为历史遗存，我们有必要将这种建筑的来龙去脉留存下来。

兴于清中，数量近百

龙潭寺的客家碉楼，也称碉堡。兴于清嘉庆年间，至清末和民国时，龙潭寺周边的东山地区各乡场土碉林立。

那当年，龙潭寺地区有多少碉楼呢？

民国年间，成都华阳龙潭寺碉楼民居增多，据统计有碉楼的民居达79宅82座，其中一宅一碉的76家，一宅双碉的3家。

原龙潭寺文化站站长严正发整理了龙潭寺碉楼的具体分布情况：

龙潭场镇5宅，桂林村3宅，石马村7宅，同乐村5宅，和成村3宅，向龙村5宅，宝平村5宅，同仁村4宅，鹤林村5宅，威灵村6宅，丛树村5宅，院东村3宅，院山村4宅，高洪村4宅，平丰村4宅，光明村4宅，建设村3宅，新民村4宅。其中，石马村六组叶氏家族、向龙村六组钟氏家族、光明村九组黄氏家族的为双碉堡。①

---

① 孙晓芬主编《四川的客家人与客家文化》，四川大学出版社，2000。

有的碉楼是哪一家的，已经不可考，但有所归属的还是有的。笔者在桂林社区采访时，当地村民告诉笔者说，他们社区的三座碉楼中，一座属于四组李元纯家，一座属于罗德顺家。

现在，龙潭寺的碉楼或者碉堡已经消失了，但在向龙社区七组却保留下了一个地名——双碉堡。这里的道路左右两边原有两座碉堡，扼守住进入龙潭寺的大道。

龙潭寺碉楼，其实与当时的社会治安情况有着密切的关系。清代移民时期五方杂处，互有戒备；民国时期各种战乱不断，匪患横生。这使得龙潭寺地区客家民居中的防御性、排他性得以继承下来。

东山地区客家人拥有庞大的社会关系和家族势力，家家备有防身武器，时常为了宗族的面子或纷争与外乡人大打出手。当地氏族为了自保，常在村落四周广筑碉楼，一为防御土匪强人，二为抵挡乡人间的相互械斗。据说过去仅在龙潭乡，就筑有护村碉楼十余座，龙潭立交旁的"双碉堡"就因两座相连的碉楼而得名。

据资料显示，1935年，为了保护当地居民不受匪患侵扰，龙潭寺场镇的四周修了四座四层的大碉堡，周边农村也是村村有碉堡，数量近一百座。有的一个院子就有三座，真可谓碉堡林立。1950年土匪叛乱时，有的碉堡成了土匪据点，并以此为据点在龙潭寺通往成都、华阳的要道上据守，加强盘查，封锁消息。

陈庆喜所著的《清匪反特》一书记载了有关匪众占据龙潭寺碉楼杀害朱向离的经过。1950年2月5日上午10时许，二野六十军一七八师政治部主任朱向离从石板滩经龙潭寺回成都。在龙潭寺一条小河的石桥旁，遭到桥侧路旁碉堡内突然射出的密集枪弹阻拦，最终寡不敌众，英勇牺牲。消息传来，中央下达剿匪命令。剿匪部队分东西两路，午夜包围龙潭寺场镇，拂晓发起攻击，将匪徒压缩在镇中心中学附近的几座碉堡里。直至次日凌晨3时，连续攻击，将几个碉堡内的土匪全部歼灭。东路部队迅猛夺下土地庙碉堡，击毙土匪头目。东路部队继续西进，至龙潭寺上街碉堡与西路部队会师，匪徒据堡顽抗，不久即被消灭。

这就是与龙潭寺碉楼有关的战斗故事。

原乡技艺，川西风格

在今天的福建永定，有一种客家土楼。以生土夯筑，却巧夺天工，安全坚固，防风抗震，冬暖夏凉，阴阳调和，处处洋溢着客家人的聪明才智。

而一部分客家人离开原乡，迁徙到以龙潭寺为中心的成都东山地区。这里与原乡的地理条件既相似，又有区别。龙潭寺的土质为黄泥黏土，具有很强的粘连性，适合夯筑建筑。这与永定夯筑土楼的建筑材料极其相似。不同的是，永定客家土楼或圆或方，高达数丈，占地极广。而成都东山地区，从清代初期地广人稀，随意插占，经过长达百年的"湖广填四川"，到乾嘉时期已是人丁繁盛，有限的土地资源和恶劣的生存环境，已经承载不起建造大型聚居的生活空间。于是，新移民逐步适应了川西传统的"大分散，小集中"的家族聚居形式，即《隋书地理志》所说的"父子异居，自昔即然"的小家庭制度。

同样作为碉楼，龙潭寺碉楼与川西高原的碉楼又有不同。《金川

县志》记录了清人曹三选笔下写《碉楼》的一首诗，可知当地碉楼细
长挺拔，主要是由石块砌成。

> 夷中无地乃有山，下者壑谷高屏颜。每当隘口必置守，碉楼
> 百尺居中间。削成四方方以丈，漆城荡荡不可攀。中如佛塔略阶
> 级，盘旋下上往复还。数人狙伺伏其上，睥睨肆嘱攻者环。火炮
> 一发敌无隐，以主待客安且闲。古来设险宁有此，何为今日丛榛
> 营。信哉在德不在险，穴中蠢动嗥豹狼。断坦残砾示深戒，时见
> 磷火中宵殷。长城万里力何巨，一朝内讧亡秦关。区区茧室苦白
> 缚，公输墨翟安能班。行人驻足再三叹，守关乐国安群番。①

由于土地、财力等原因，龙潭寺民居相对而言占地更狭，呈现
小型化的特点，体量大多为边长九米或三米的土楼，层高也低，最多
三层。墙体与木构共同承重，墙体四周开有枪眼和窗户，二、三层有
内向回廊，一般起瞭望哨的作用，与墙体连在一起，安置在房屋的周
围，或房后、房侧。墙体用土夯或石砌，墙厚可达二米。这仍然保
留了原乡民居中厚墙、封闭的外形、夯土楼等特征。龙潭寺地区的碉
楼，与赣粤等地的客家土楼有异曲同工之处，其建筑构思和风格都较
为相似。

碉楼建筑，使用原始时代遗留下来的方法，就地取生土制造坯砖
筑墙。或者在生土中加入竹枝、木条或碎瓦砾、石块等配料，用夯土

---

① 金川县地方志编纂委员会编《金川县志》，民族出版社，1994。

版筑的方法构筑土墙，以增加墙体的刚韧度。也有的用黄泥、石灰、沙三合土版筑，舂墙时往往加入桐油、糯米饭、鸡蛋清、头发和稻草等粘连物，使土墙更加坚固耐久。这种建筑方法，是客家人创造生土建筑史上的光辉一页，也是建筑科学史上值得骄傲的技术创新。在成都东山一带，以生土筑成的客家民居随处可见，有的已经历了一百多年的风吹日晒，依然保持着坚固完好的外形，这不能不说是建筑史上的一个奇迹。

不一样的客家传统

进入样本的客家方言

自从20世纪30年代罗香林提出"客家"一词后，学术界对客家文化的研究方兴未艾，到今天已是如火如荼，"客家学"已经成了一门显学。客家方言研究，就是其中的重要组成部分。

近八十年间，龙潭寺作为西南客家方言调查点，被海内外学界和侨界广为熟知，并成为语言研究者争相进行研究的热点，这在方言研究史上是绝无仅有的。

地处成都东山的龙潭寺曾分别被国民政府和共和国政府作为对四川客方言调查研究的样本点而名留方言史志，所以东山话作为四川客方言的代表，当之无愧。[①]

三次入选方言调查样本点

1940年冬，为了躲避战火，位于北平的中央研究院历史语言研究所（简称"史语所"），南迁四川李庄。

从1940年到1946年，史语所的随迁学者丁声树、董同龢、周法高、刘念和、杨时逢等五位先生主持了四川方言调查工作。他们在全川选取了一百三十四个调查点进行取样，最终发现有一百三十二个都

---

① 邹一清、刘义章主编《四川客家民俗文化》，四川人民出版社，2001。

属于俗称四川话的西南官话。只有两个点位例外，其中之一便是华阳龙潭寺的客方言。

这种结论，从1946年董同龢先生对华阳凉水井的客家话调查中，也得到印证："成都附廓以及邻近好几个县份的乡间有异乎普通四川话的客家方言（俗称土广东话）存在。"①

1984年9月，中国台湾的杨时逢出书讲述了当年亲历此次龙潭寺调查的情况："龙潭寺是客家人在成都市郊的一个聚集点，位于成都市东北郊，离市区约十公里，一度属华阳县。龙潭寺乡镇人口共32656人，95%以上的人都能说客家话与西南官话。"②

这正如民国《华阳县志》所说："华阳地具五族，杂有南北俗语。"

那么，作为典型的方言样本，史语所是怎么调查，又调查出了些什么呢？

为了调查的方便，史语所在四川大学找了一些来自龙潭寺的学生作为发音人。没想到，第一位就让调查人员大跌眼镜，折戟沉沙。原来，这位大学生尽管原籍是华阳龙潭寺，但因初中、高中、大学的求学生涯都在城里，日常的语言环境都被以湖广话为代表的西南官话所包围，其方言已面目全非，他不仅不会说"土广东话"了，甚至不知道本地有"土广东话"。

于是，必要而且必需的实地田野考察，就在1941年10月的一天开始了。

---

① 董同龢：《华阳凉水井客家话记音》，科学出版社，1956。
② 杨时逢：《四川方言调查报告》，中央研究历史语言研究所，1984。

　　这天，来到龙潭寺开展四川方言调查的，是三十二岁的史语所研究员丁声树。

　　丁声树，号梧梓，河南邓州人。可别小瞧当年这位年轻的研究员，他以博古通今而著称，在音韵、训诂、语法、方言、词典编纂等领域均有很深的造诣，后来成为中科院院士。

　　在龙潭寺调查时，丁声树发现龙潭寺的古全浊平声字送气，符合客家话常例，也符合西南官话的常例；有的古全浊仄声字不送气，大概是受西南官话的影响。例如"电""住""夺"三字在梅县、永定送气，在龙潭寺不送气。这个太专业，我们暂且不表。

　　丁声树还有一个新的发现，龙潭寺当地客家人把糕点通通叫作"粑粑"或者"饼"，而在许多客家地区，糕点的称谓都叫"粄"。"粑粑"是成都平原居住的湖广人的叫法。这是龙潭寺客家话受到西南官话的影响而发生的改变。

　　那么，客家话中"粄"的称谓与字音在龙潭寺是否已经消亡了呢？

　　丁先生从问题出发，专门对当地的糕点名称进行了详尽的调查，并根据其他地区的客家人在不同节令做不同糕点的习俗询问发音人，终于调查到在过春节时吃的年糕，在当地也叫"甜粄"，与许多客家地区的称谓一致，而且这是当地唯一称为"粄"的糕点。

　　1956年2月6日，国务院发布《关于推广普通话的指示》，声势浩大的"推普"工作在全国轰轰烈烈地开展起来。

　　要"推普"，必须知道自己的方言。于是，方言普查势在必行。

　　3月，中央教育部和高等教育部下发《关于汉语方言普查工作的通知》。要求全国各省高校在两年内完成方言调查工作，并根据各地方言特点，编写出学习普通话的指导手册。

收到相关指令后，四川立刻行动起来，由省教育厅、四川大学、西南师范学院、四川师范学院组成了方言调查工作指导组，具体工作由川大、西师、川师分别担任。三校分别成立方言调查工作组，对全省一百五十个县市进行调查。调查大纲统一采用丁声树先生和李荣先生编写的《汉语方言调查简表》。

四川大学方言调查工作组由甄尚灵教授领衔，对五十八个方言点进行了普查。其中，龙潭寺作为华阳县的方言调查样本点，再次进入了调查组的视野。龙潭寺方言调查由四川大学负责，他们从学校选取了刚离家的青年学生作为发音人，进行记音采样。从1956年下期到1958年上期，经过约两年的时间，记音工作基本完成。在普查之后，由四川大学的甄尚灵、郝锡炯、陈绍龄三位先生整理成《四川方言音系》，发表在《四川大学学报》社会科学版1960年第3期。这样，龙潭寺的客家方言再次被记录在案。

1988年，四川省将二百一十三个县市区合并为一百八十六个方言点进行普查，龙潭寺再次入列。至此，龙潭寺被普查过三次，这在方言史上十分罕见。

1985年9月，龙潭寺来了一位四十出头的女知识分子。她姓黄，名雪贞，福建永定人，是中国社科院语言所的研究员。她来到西南成都的龙潭寺做什么呢？原来，这一趟行程与她的学术方向有关。她是搞汉语方言研究的。她听说了一件事：

龙潭寺聚居有大量的"土广东"，即使是小孩子，只要父母都是客家人，就能说一口地道的客家话。

在研究者眼中，客家话可谓是语言学界的"活化石"。她当然知道这其中的价值。

黄雪贞来到龙潭寺，一刻没停歇，立即找人开展方言调查。

她调查的对象，有三个人，分别叫廖品璋、钟书琼、张同其。廖品璋是一位时年七十二岁的退休药剂师，他打小就住在龙潭寺；钟书琼是一位四十一岁的中年妇女。

要搞清楚客家方言，首先要弄明白客家人打哪儿来。

黄雪贞翻阅廖品璋老先生提供的家谱，大致了解了客家廖氏的基本情况。这本《廖氏家谱》刊刻于民国十三年（1924），谱中记载了南宋光宗绍熙二年（1011）以来廖氏的家族史。廖氏家族的迁徙路线是：江西—福建—广东—四川。廖氏家族在入川始祖廖明达的率领下，于雍正五年（1727）来到四川，几经辗转，最后定居于成都近郊龙潭寺。廖品璋为廖氏入川后的第九代，客家话和西南官话说得都很溜。

著名学者谢桃坊说，这些客家人本是汉族的一支民系，保存了汉族的古老语言和文化，在清代初年的移民风潮中从粤东北山区经长途跋涉而入蜀。他们散居于四川各地，在成都附近的东山形成了一个较大而集中的客家方言区。据资料反映，像廖品璋这样的客家人，在成华区目前有三十万左右，龙潭寺的客家人占总人口的90%以上。客家话是龙潭客家文化的又一代表。客家人聚族而居，有着强大的文化凝聚力，并坚持使用母语。

通过对三位发音合作人的语音进行录音、整理、分析调查，黄雪贞在1986年第2期《方言》上发表了自己的研究论文《成都市郊龙潭寺的客家话》，论文首先介绍了龙潭寺方言的声韵和语音特点。

我们知道，普通话中声母有23个，韵母24个，整体认读音节16个，声调4个。和以北方话为基础方言的普通话相比较，龙潭寺客家方言有声母22个（含零声母在内），韵母54个（含自成音节鼻音在内），声调6个，即阴平、阳平、上声、去声、阴入、阳入。

龙潭寺客家方言，属于古代汉语的遗存。其语音特点由于太过专业，笔者这里只简要介绍其中的声调部分。方言中的古平声，到今天依照清浊分成阴平和阳平，而古上声、去声、入声中的多数字，今天仍旧读作上声、去声、入声。平声、入声分阴阳，阴入调值低，阳入调值高。

笔者曾采访龙潭寺廖氏家族族长廖育仁先生，他说过一句话，"一百块钱到北门买了一个莲花白"，叫笔者读一读。句中"百""北""白"三字，用四川话念来发音完全一样，而如果用客家话念出，则三字三音，全然不同，听来趣味盎然。这也是客家语音的一个例子。

龙潭寺一带的客家人，自广东迁入四川已有二百五十多年了，龙潭寺客家人虽被称为"土广东"，但他们的方言却不是广东话，许多词汇与粤东、闽西的客家人的用法一致。

他们使用的代词和亲戚称谓相同，比如龙潭寺和福建永定都把"他"说成"佢"，此字从人从巨，音渠，"巨"意为包罗万象，转义为"任何人"，"人"与"巨"联合起来表示"除你我之外的任何人"——这不就是"他"吗？把"大锅"叫作"镬头"。这镬是古时无足的鼎，《吕氏春秋》说"一镬之味"，指的就是一锅子的美味。把"绳子"叫作"索"，《后汉书》中说"悬索相引"。把"站立"叫作"徛"，《广韵》说："徛，立也。"粤东、闽西的客家人多住山区，白薯是他们的日常农产品，当地人都将其称之为"番薯"。同样是此物，四川地区都叫"红苕"，而独独龙潭寺一带也叫"番薯"，不叫"红苕"。

张柏城先生讲了龙潭寺方言词汇的文言遗风以及词源。如"乃子"，就是"你的儿子"，这与陆游的"家祭无忘告乃翁"中的"乃翁"，同出一源。"睡目"，即闭目睡觉。龙潭寺人把"杀鸡"叫"刺鸡"，把"贴身衣"叫"黏肉衣"，把"脚后跟"叫"脚峥"——"峥"意为高峻突出，这与后跟突兀的形象相似。蜻蜓在成都叫"丁丁猫"，而龙潭寺叫"龙俪子"，是因为蜻蜓大眼双翅之故。①

还有，龙潭寺客家话还把"是"说成"系"，把"你们"说成"汝等"，把"穿衣"说成"着衫"，把"吃早饭"说成"食朝"，把"烤火"说成"炙火"，把"田埂"说成"田唇"，把"大腿"说成"髀"，等等，不一而足。

关于"髀"字，还有一个小插曲。说是旧时龙潭寺一高小生的作文中出现了"大髀"一词。同乡的国文老师批改时，不解其意，把孩子叫去一问，没想到孩子一拍大腿，反问一句："大髀你都不晓得？"《三国志》中有一典故，原义讲刘备因为长久不骑马，大腿上

---

① 参见张柏城的《成都龙潭寺的客家话与民俗》。

的肉又长起来了，后用"髀肉复生"比喻因生活安逸而无所作为。

当然，二百多年来，由于龙潭寺客家话受四川官话的影响，尽管与粤东、闽西客家话还有很大的相似性，但也出现了一些词汇上的变化。简单举两个例子，龙潭寺把"公牛"叫"牯牛"，而永定则叫"牛牯"；龙潭寺把"贼"叫"贼娃子"，而永定则叫"贼牯"；龙潭寺把"女乞丐"叫"叫花子"，而永定则叫"乞食嫲"。还有词汇出现了完全不同的情况，比如，"蚕豆、插秧、牛圈、赶集、走路"等词，龙潭寺叫"胡豆、插秧、牛圈、赶场、走路"，而永定则叫"蚕豆、莳田、牛栏、赶墟、行路"。

从这些日常词汇中，我们可以看出龙潭寺客家话有很明显的古代汉语的味道。

龙潭客家语入了研究生法眼

龙潭寺成为西南客家方言调查研究样本点以后，除了20世纪80年代的黄雪贞研究员，到了2004年，西南大学一位年轻的硕士研究生王庆，也来到了龙潭寺，就龙潭寺的客家话语音展开调查研究。当年，王庆邀请了七十五岁的龙潭寺居民钟书海、八十二岁的农村老太太朱桂芳、六十四岁的农村大娘廖静琼以及廖静琼三十岁出头的儿子和女婿，一共五人作为发音者。

2006年，王庆的硕士论文《龙潭寺客家话语音研究》正式发表。

文章中说，龙潭寺客家人是清初迁入四川的。自入川以来，龙潭寺客家话延续了客家话的基本格局，同时由于受到成都话的影响，又产生了许多新的变化。现在所见的文献大多称龙潭寺客家人主要来自广东梅县，但经王庆多次深入龙潭寺进行田野调查，发现龙潭寺客家话的语音与梅县客家话有着较大的差异。

龙潭寺客家话有声母23个，韵母56个，声调6个。从历时的角度着眼，将龙潭寺客家话与《广韵》比较，得出龙潭寺客家话语音的古今演变规律，其中声母规律12条，韵母规律16条，声调规律5条。从共时的角度着眼，将龙潭寺客家话与川外的客家话、成都话比较，发现在声母、韵母、声调诸方面既有来自源头客家话的诸多语音特点，也有在成都话影响下产生的语音特点。在川外的客家人聚居区中，与龙潭寺的语音特点一致性最强的是粤东的五华和兴宁。

王庆认为，龙潭寺客家话的语音特点主要与粤东的五华、兴宁两地的客家话接近，另外融进了一些闽西客家、赣南老客的特点，是一个"融合型"的客家话。龙潭寺客家话受成都话影响发生的语音变化大致可分为两类："突变型"和"渐变型"。从音节结构来看，声母所受影响最大，韵母次之。龙潭寺客家人的祖先主要集中在粤东五华、兴宁等地，由于其聚居地的社群相对封闭稳定，有较强的群体意识，又与其他族群方言差异很大，因而保留了自己的语言习惯，这就形成了以龙潭寺为代表的东山客家方言岛。

黄雪贞的研究已经过去十几年，龙潭寺的客家语音发生了什么变化呢？王庆的文中提到了这一点，笔者在此引一段给大家看看：

　　黄先生是在1986年调查的龙潭寺客家话，当时她调查的主要对象是城里的退休药剂师廖品璋先生，文化程度应较高。这样，在他的话中，翘舌音退却得比较快是合理的。这与龙潭寺现在的一部分老人的情况相符。另一方面，龙潭寺客家话的老年层仍有许多人在古入声韵的缉、职、质、昔四韵中读翘舌声母。乡村的老年人中，还有好些人口中有较多翘舌音。那么，可以肯定，龙潭寺客家话的翘舌音开始变为平舌音，时间不会太久。因为十多年前演变较快的老人口中仍残留有翘舌音的痕迹。最近的十多年，成都扩大建设，龙潭寺成为成都外三环的一部分，加速了这个语音演变的过程，朱老太太一家三代语音的情况就是最好证明。

有研究者认为，因为龙潭寺的客家人大都来自粤东的梅县和五华，《龙潭寺乡志〈方言·广东客家话的概述〉》也认为，龙潭寺客家话带梅县口音。龙潭寺客家话与梅州各县客家方言都有着极深的渊源，但在部分字的分化上却不尽相同。

那么，龙潭寺的客家语音，从中古时期如何演变到现在的呢？

从龙潭寺客家话的性质，我们可以看到客家话的形成过程实际上就应该是一个不断融合各地方言的过程。客家在魏晋南北朝到唐的第一次迁徙，是从陕西、山西迁到河南南部、江淮、江西北部和中部。这个时期的迁徙导致以后必定会有一个大融合时期，而这个现象的发生地，现在说的大多不是客家话。

从汉语语音史的角度看，这个时期正是从上古音系向中古音系过渡的时期。那时的景象应是北方的流人带来许多北方话的因子，再加上原住地方言的语言音素，不管怎样，这种方言的重组绝对会带来新的语言要素。这比"波浪式传递"要来得快得多，也有效得多，这就打破了一时一地方言的闭塞演变，大大加速了方言的发展，甚至改变了其发展方向。

再往后就是唐末到宋元，又一次迁移浪潮席卷全国，这次不仅有山西、河南等北方的人，也有江淮、江西北部的人迁到闽西和广东，这一次是把北方方言再一次向纵深推广。这个时期又是汉语从中古向近代过渡的时期，现在的各地方言体现出的这段时期的语音面貌最为丰富，也更为复杂，有北方的语音，有江淮、江西等中部语音，还有闽西、赣南、广东当地的语音。这些都在这次融合中重新组合。

从龙潭寺客家话的面貌来看，北方方言与南方方言的接触，不是覆盖性质的，而是融合性质的，而这次融合发生的地方，就是现在的客家话分布区。

清代，"粤东大荒"再加上主客械斗，粤东、闽西、赣南客家人向粤西、江西、湖南、四川等地迁徙。这次迁徙和上面提到的有些不同，这次没有注入北方方言的方言要素，更多的是南方方言的融合。这种融合，一方面融入当地方言的特点，比如受湖南客家话、成都话的影响；另一方面，又是客家话内部的融合，在龙潭寺客家话中，我们可以看到多个地方的客家话的影子。

经过如此漫长且复杂的融合与演变，龙潭寺客家话终于成了今天的面貌。但它也相当数量地保留了上古中原的古音古韵，以及失传的先秦两汉文言文的用语痕迹，因此被语言学界称为"古汉语的活化石"。

最后，我们来欣赏一首龙潭寺客家人的客家民谣《唔愁新娘娶唔来》，它虽没有音乐伴奏，却娓娓动听，充满幽默的生活气息：

> 李家阿幺好人才，唔烧烟来唔打牌。
> 栽秧搭谷样样会，驶牛犁田样样来。
> 四邻媒人来讲亲，唔愁新娘娶唔来。

见证客家耕读的龙潭乡学

　　龙潭寺，因蜀国后主刘禅一次平常的野外驻跸，后世于此就地建庙而得名。让龙潭寺出名的另一件事，是1902年川西义和团首领廖观音围攻成都，血战龙潭寺，此役使得川督奎俊狼狈下台。龙潭寺让世人记忆尤深的是，此地打响了共和国历史上全国剿匪的第一枪。在这些惊心动魄的事件背后，二百多年前龙潭寺上演的一折崇文兴教的感人故事，却深掩于方志的故纸堆中，鲜为人知。

林公布德政，古寺传弦歌

　　嘉庆二年（1797）的一天，四里八乡说同一种方言的百姓从官道、小路、田垄上齐齐地拥向一个地方，那就是位于华阳县东北的隆兴场，来一睹这个客家人聚居地将发生的一件大事。

　　在隆兴场的龙潭寺山门外，一群七八岁的学童，头戴六瓣彩色瓜皮帽，身穿簇新青布长衫，在当地耆老士绅的带领下，迎接来自城里的两乘官轿。头一乘为四抬大轿，白亮的银顶，皂色的盖帷，后面跟着一乘锡顶的两抬小轿。停轿驻轿，轿帘撩起，头一乘轿里走出一位六十开外的老者，只见他头上是起花珊瑚顶戴，身着九蟒五爪的锦鸡补服，耆老士绅和孩子们呼啦啦跪倒一片，齐声喊道："给藩台大人请安。"后边一位着五蟒四爪鸳鸯补服的下来，大伙儿也齐齐地给县令大人请安。

前一位六十多岁的官员，叫林儁①，字西厓，是从二品的四川布政使。后一位叫徐念高，是华阳县的七品县令。

在龙潭寺的大殿之中，一应典礼祭品准备就绪。因为是远在城外的乡区，什么钟磬、鼓乐、豆爵，烦琐的祭祀器皿也就免了，但是敬献三牲的仪式绝对不能马虎，一头整猪摆放案前。大庙佛像之前从房梁顶上垂下一幅至圣先师画像，上垂首是"万世师表"四个大字。

在司仪一声"吉时已到"的吆喝声中，布政使林大人从主位下来，顿时各种民间乐器敲打开来。林大人金盆净过手后，躬身敬上三炷礼香，接着完成初献爵、亚献爵、终献爵的三献礼，林、徐二位大人率领众位乡民面向圣人画像三跪九叩。县令大人诵读祝文："维吾先师，德隆千古，道冠百王。揭日月以常行，自生民所未有。属文教昌明之会，正礼乐乐和之时……"隆重的祭孔、拜师、入学祭笔等礼仪一一完毕。

随着"龙潭乡学正式开学"的宣布，噼里啪啦的鞭炮声响彻整座寺院，腾起的烟雾弥漫在场镇上空。此情此景，让许许多多在外围观看的老人默默地流下眼泪，因为他们等这一天，等得太久了。

从此以后，龙潭寺大庙书声不绝，弦歌不断。后主刘禅洗过澡的那个池子清澈如镜，时常能倒映出学童们匆匆进学的身影。苦读熟背的童音也时常惊吓了池中的翔鱼，搅动水底的一片天光。

---

① 林儁，清代官员，字西厓，江苏人，顺天大兴籍。清代大诗人张船山岳父，乾隆二十五年（1760）举人，官至四川布政使。

客家尚耕读，捐产植后荫

在长达一百余年的"湖广填四川"的移民潮中，客家人陆陆续续来到成都，在东山一带聚族而居。随着人口的繁衍、贸易的兴盛，五个被称为"东山五场"的客家人聚居场镇纷纷崛起，龙潭寺所在的隆兴场就是其中之一。和全国各地的汉民族族群一样，聚居在龙潭寺的客家人有着"耕读传家"的传统，十分注重子女教育。但是，当时成都的府学、县学和书院大都集中在城墙之内，而且学位有限，离城二十多里的龙潭寺子弟要天天到县城上学，是一件不现实也不经济的事情。

在客家人的心目中存着一个朴素的道理：衣食致富，靠力田行商；成才扬名，须习字读书。因此，在客家人中间流传着许多劝学的儿歌，如："菜子开花满地黄，细娃学生进学堂，一早就爱去，天光就下床。"

再如：

读书趁年轻，莫话日子长，功名系小事，爱学存天良，先爱学礼信，作揖爱恭敬。

走路莫乱窜，见人就爱问，读书爱发狠，读了就爱认，读书把细听，写字爱端正。

第一讲善恶，第二讲报应，读书学好人，先爱学孝顺，讲话识轻重，做事爱谨慎。

　　在一些客家人宗族祠堂的楹联中也能看到这种崇文重教思想的流露，如："先代艰困勤稼穑；后人承继重读书。"有记载说，龙潭寺范氏家族的入川始祖范对扬注重"耕读"二字，但他临死还是有一桩心事未了，那就是"每以不获见一成名者为憾"。可见，龙潭客家人对教育的渴望到了何等地步。

　　而这种情况，被心细如发的布政使林儁看在眼里。林儁是一位十分注重文化修养的人，连他找的女婿都是一位著名大诗人，叫张船山。更为难得的是，林儁有古儒者之风，常怀推己及人之心。据嘉庆本的《锦里新编·林方伯事略》记载："林儁在川日久，留心民疾，凡地方之肥瘠，风俗之醇厚，科甲之盛衰，士民之臧否，无不了然于胸。"他崇文兴教的举动，时人称赞说："可与西汉文翁、北宋赵抃诸先哲一样流芳百世。"

　　在布政使林儁的倡导下，在县令徐念高的具体主持下，龙潭寺客家人的各大宗族共同捐献学田作为长期办学的支撑，确定龙潭寺为办学地点，选用教材，延请名师，经过一系列的努力，才终于有了本章开始时龙潭乡学开学的感人场面。自两千多年前孔圣人打破"学在官府"的旧制以后，民间力量、族群势力兴学办学成为一种自觉、一种传统。这种自觉，在龙潭这块沃土上，生根发芽，开出了圣洁的花朵。

树碑铭渊薮，文教渐东山

　　四年后的嘉庆六年（1801）七月初一，龙潭乡学又迎来了一次重大的节庆——文昌圣像安放典礼。我们知道，儒家最讲究"名不正，则言不顺；言不顺，则事不成"。在学童读书的地方供奉的是佛家神像，在一般人看来，是断然不会保佑儒家弟子金榜题名的，因为它没有这方面的法力。笔者揣想，也许是龙潭乡学开办四年，并没有出几个出类拔萃的人物，当地的头面人物这才发现了问题之所在，于是大家商议，捐资塑一尊文昌菩萨的圣像立于此，还将捐助者勒石留名，并请当时著名的文人乾隆辛卯举人四川永宁令朱云焕撰写了一篇《龙潭乡学碑序》。文中说："盖观于乡，而知王道之易易也。锦城东北二十里许有乡焉，曰龙潭。壤腴而沃，俗勤而朴，野处而不昵其秀，少习心安，不见异物而迁焉。教者不肃而成，学者不劳而能。成人有德，小子有造，誉髦斯士，兹乡固人文渊薮乎。"对龙潭客家人崇文重教的举动不吝辞藻地进行了赞誉。

俗话说，好事是做出来的，更是夸出来的。自打这以后，每年农历的二月和八月，龙潭乡学更加严格地依月令入学，琅琅读书声天天越过古庙的山墙，传到田间劳作的父老耳中，在他们看来这无疑是天籁之音。龙潭乡学除按照科举考试的内容教授八股、试律外，还涉猎诗词歌赋，练习武术、音乐，大有今天推进素质教育的味道。至于祭祀、奖赏的资金，全部都从学田的租金中支出。只要有客家子弟考中秀才，成了县学生员，就奖励金花彩缎一匹；如果中了举人，则赠送赴京会试的盘缠。朱云焕说，龙潭乡学的创办，不仅是这一方土地的幸事，更是国家鼓励教化的光耀。如果教化之风得以绵延，社会因此而进步，则一定有龙潭乡学的功劳在其中。

像这样奖掖后进的措施，在客家人的族约家规中成为不可或缺的内容。笔者曾见到清末民初一份威远客家人的《族约》，鼓励子弟读书成才的规定与龙潭客家人的措施如出一辙，兹摘引于下：

> 凡族中生有英俊聪明子弟，家极贫无力读书，该族董等协
> 总首，筹给历年膏火，或尝会给款，或承首募化，合族给出，以
> 便家寒子弟造成人才，始可光前裕后，一族增辉。凡族中子弟住
> 高等小学堂，执毕业凭照，备办三牲入祠祀祖者，无论贫富，
> 赏红花一堂，奖给钱八钏；住中学堂及初级师范学堂并陆军小学
> 堂，各执毕业凭照，备办三牲入祠祀祖者，无论贫富，均赏红花
> 一堂，奖给钱十二钏；住高等学堂及法政学堂并通省中央师范学
> 堂，各执毕业凭照，备办三牲入祠祀祖者，无论贫富，均赏红花
> 一堂，奖给钱十六钏；住京师大学堂，执毕业凭照，备办三牲入
> 祠祀祖者，无论贫富，赏给红花一堂，奖给钱二十钏。奖给虽
> 微，以资鼓励我族广出人才之意耳。

龙潭寺乡学捐置最早，而成绩最优，开启了华阳县民间办学的先
河，为后世兴学崇教树立了榜样。龙潭乡学发轫之后，华阳县的乡学
义学多达三十余所，如嘉庆二十年（1815）得胜场的尚义乡塾、嘉庆
二十二年（1817）的华阳义学、道光年间的白家场义学、光绪十一年
（1885）的大面铺义学，以及城内的惜字宫乡学、青莲巷乡学等等。

龙潭乡学在那以后一百年间的情况怎样？史载不详，而一百年之
后，又出现了新的线索，据民国《华阳县志》记载："龙潭乡学为乡
学之最早而成绩最优者……光绪之季，改设学校，一皆废止，款亦并
入学校矣。"光绪三十一年（1905），龙潭寺又一次以庙产作为学生

诵读的场所，新式学堂的产生将龙潭乡学定格成为一段崇文兴教的历史影像。

1923年，龙潭寺被改建成小学学堂，称作"隆兴镇小学"。1948年，华阳县简易师范学校由中和场搬迁于此。中华人民共和国成立后，师范校迁离，庙宇再次成为龙潭中心小学，即今龙潭小学的前身。直至1995年，学校搬迁至新址，龙潭寺才再次重立庙堂，恢复到它昔日的香火鼎盛……

古代士大夫以天下教化为己任，民间诗书传家的朴素理想在这里得到了契合，形成的是一股社会进步的正能量。尽管龙潭乡学在历史的天空中如流星一般一闪而过，没有给后世留下多少影响，但还是让笔者感动于客家人的执着与追求。

在国运盛衰的历史轮回中，客家人不断地迁徙流转，可是，不管迁徙何处、生蕃多少，他们重庠序之教、申孝悌之义的风气一直延续下来，形成了深厚的崇儒重教的客家文化传统。兴学敦化之责，在国，在族，亦在家。因此，今天我们重新审视这段历史，仍然可以找到一些重教兴国的启示。

范家祠的烝尝^①制度与办学

▲ 范氏族谱　刘小葵摄　2017.8

　　客家传统，在龙潭寺客家家族中留存得较好的，范家祠算是其中之一。现就谈谈他们的烝尝制度和宗族办学。

范家祠的烝尝制度

　　乾隆五十二年（1787）正月，春阳微微，和风徐徐。龙潭寺清水

---

① 本指秋冬二祭，后泛指祭祀。出自《诗·小雅》中的"絜尔牛羊，以往烝尝"。

沟的范家老宅前一片吉祥，阶下幽兰吐蕊，丹桂飘香。

六十六岁的范对扬坐在家门前，看着眼前的这一切，想着自己这几十年白手起家，打下这偌大的家业，不禁有些自豪。想到此处，又忽然心生叹息："我能活多久？哪里能长此保持矍铄，和大家在一起呢？古人都知道为后嗣早做打算，我也有儿子、孙子，如何竟拘泥于眼前的安逸，而忘却做身后的规划呢？"

想到此处，他忙叫来一个孙子辈，口授了一封"告儿曹书"。信中的大意是：

古时候的农家，聚族而居，有田地耕种，有畜禽饲养，有供品祭祀，足矣。然而世代久远后，子孙繁衍，彼此之间各不相帮。我们的祖先范文正公，立义田千亩，帮助了一大家族。族中的婚丧嫁娶、鳏寡孤独，都能得到照顾和赡养。这件事被天下称颂。我虽然德行不高，力有不逮，但我身后之事，我又不得不尽力去做。如果子孙不重视这件事，岂不是辜负了我的一片苦心。……我想，人生在世，非耕即读，求富求贵，两不相悖。但兄弟终有分家的时候，到时不要各谋其私，彼此不关痛痒，情意疏远了。所以，我在这里立下烝尝之田，目的是使后人重视血脉，和睦宗亲，爱护幼小，勤劳俭朴。立志功名，达则兼济天下。这就是我设立义田的遗愿。

范对扬召集儿孙，向各房下发烝尝簿一卷，就此建立烝尝制度，要求他们在族人寥落难支之时，互帮互助。并为子孙立下措辞严厉的誓言：

我立烝尝，或约或例。子子孙孙，世守勿替。贤肖之子，敬信奉持。阴灵佑尔，百福长随。若有其人，不贤不肖。扰我清规，背我遗教。明神殛之，显报从之。凡我后裔，鸣鼓攻之。忘祖宗者，责而数之。匪族类者，锄而去之。倘有顽梗，怙终不悛。鸣官究治，勿得迟延。我居尔祠，尔听我誓。祠在簿存，千秋万世。[①]

我们在《范氏族谱》中见到了范对扬关于烝尝的多种规定，如《对扬公烝尝戒约》十四则、《对扬公烝尝条例》二十则、《对扬公烝尝增例》二十四则，以及《增订尝例》五条和附则十四条。这就逐步形成了范家祠的烝尝制度。

说了半天，究竟什么是"烝尝"？

烝尝，本指秋冬二祭，后泛称祭祀。郑玄说"冬祭曰烝，秋祭曰尝"。从范对扬制定的范氏家族烝尝制度的相关规定来看，"烝尝"的内容已超出祭祀的范畴，它是对家族弱势群体的扶弱帮困，对读书优秀者的提携与奖掖。

据记载，范家祠从乾隆五十二年（1787）到1952年，期间共有祠田三千余亩。这些田地大致均分为两部分：一是祀田，其收益专门用于祭祀专项开支；二是义田，其收益专门用于办学、奖学金、救济金的专项开支。

这样的制度设计，保证了龙潭寺范氏家族在二百余年的时期中，人才辈出，长盛不衰，成为一方望族。据刘义章、陈世松二先生的

---

① 参见《范氏族谱》。

《四川客家历史与现状调查》中记载，2001年左右，龙潭乡总人口49239人，而范氏家族达2300人，约占4.6%。尽管占比不算太大，但在各领域有作为的人才却不少。《龙潭乡志》记载的爱国人士范氏有3人，民国年间的县议员有2人，地方官员3人，担任学校校长的5人。

这一切，都归功于范氏入川始祖范对扬的开创之功劳、烝尝制度的设计。每年范家后代祭祀祖先时都会把先祖对扬公办学事迹向后代宣讲，教育后代不忘祖先。每年祭祀活动宣读的祭文如下："总一生，从弱冠，来四川，五十年，创大业，置田园，七百亩，修烝尝，清水湾，二百年，祀享祭。至民国，十八年，继遗志，立学堂。宏教育，二十年，英才出。益家乡，益祖国。"对范对扬白手起家、耕读传家、发展族学教育的举动给予了高度的评价。

客家宗族办学典范

清代中后期，在范家祠堂办有范氏族学，也称义学。

20世纪20年代前夕，四川军阀割据，进入了所谓的防区制时代。当时，各大军阀为大肆搜刮军费，在繁重的田粮赋税和苛捐杂税之外，进一步提出拍卖庙产、会产、祠产，以供军需的政策。但唯一能得到豁免的，就是用于办学的祠庙。

为了避免祠产被拍卖，当时范氏族中长房的范育斋，首先倡议办祠校，其他各房也纷纷附议。于是成立校董会，公选校董，并推举范育斋为董事长。

范氏祠校，即华阳范氏私立小学在这种形势下诞生了。该校有六个班的规模。办学经费还是沿用学田制度，全族子弟均可以享受免费初小教育，什么学费、伙食、书本、服装等费用都由祠堂负责，还专设奖学金和助学金，帮助那些读上中学、大学，甚至海外留学的子弟。

民国十八年（1929）春季，华阳范氏私立小学正式开学，招收初级小学学生四个班。校长为范甸臣，教师都从范氏各房中选聘。

当时的小学教育，分为初小和高小，相当于今天的小学中低段和高段。

由于范氏私立小学没有高小，所以好些范氏子弟连续两年初小毕业后，就无法继续深造了。因此在民国二十年（1931），该校报请四川省教育厅批准立案，增设了高级小学一个班。

民国二十一年（1932）秋，董事长范育斋逝世，办学失去了一名主心骨。然而，一波未平，一波又起，一桩突发事件竟让范氏小学雪上加霜。

当年9月18日夜，范氏族中的坏分子与东山匪首严啸虎内外勾结，竟然窜入范家祠堂"拉肥猪"，绑走学校教师范明轩和四十名学生，并狮子大开口，索要赎金大洋七千。如若不从，将即刻撕票。

人命关天，这都是范氏家族的各房子弟啊。

然而，华阳县政府和隆兴场区署不闻不问。没办法，董事会只能自救，他们立即采取紧急措施，开会决议，将校产当年的租谷全部卖光，又各方借贷，凑足大洋七千元，派员送交土匪，整整四十天之久，师生才脱离匪窝，重获自由。

这场大难，让办学经费荡然无存。学校前途何在？

如若停办，范氏子弟如何耕读传家？如若办下去，无钱，且祠校远离集镇，师生安全无保障。

正当大家感到渺茫之际，董事会成员范得云站了出来，鉴于当时匪患日炽，治安状况极糟，范氏决定搬到龙潭正街去办学。他约请地方士绅，邀约了一局田园会，筹集到三千元，买下龙潭寺下街叶氏祠堂（后为派出所）铺面两间，改修成六间教室，于第二年春季华阳范氏小学重又开学，并招收外姓学生。

后来，学校又继续添置设施设备，有了宿舍、厨房和运动场，学校才初具规模。又增聘名师到校任教，从此学校声誉大振。学生逐年递增。每期达六百名以上，中低年级每班一百四十多人。教师尽皆辛苦认真，学生升学成绩均超公办学生水平。

民国三十八年（1949）春，为庆祝祠校办学二十周年纪念，历届毕业生数百名返校庆祝，赠送匾对锦旗，真是人才济济，会集一堂。是年冬，成都解放。后来，报请华阳县人民政府批准，祠校遂和龙潭乡中心小学合并。

民国《华阳县志》记载："该校虽是私立，但校款充裕，成绩颇有可观。"可见，范氏小学是民国时期龙潭地区规模最大、层次最高、质量最好的学校，被誉为四川客家家族教育的典型代表。自创办到中华人民共和国成立二十年，毕业学班十八班，学生在千名以上，升读在重点中学者颇不乏人，在大专院校深造者都在百名以上。中华人民共和国成立初期，工作在各机关单位、各行各业者，都有范氏小学的学生。

除了龙潭范氏总祠于龙潭寺下街办有"华阳范氏小学"，龙潭各个分支祠堂也办有祠学，如桂花林范家祠堂的"桂花林小学"（保校），同仁桥范家祠堂的"同仁桥小学"（保校）。

龙潭寺旧时的慈善事业

前文讲了范家祠的烝尝制度，解决了大家族内部部分败落家庭的贫困帮扶问题。但社会上的其他人员如何解决呢？这就涉及一个慈善的问题了。

民国《华阳县志》说："吾县附郭，居民丛杂，外来者既多，故持手而食者尤众。生息繁滋，则贫户栉比，振恤之道出焉。此不得不然之势，亦不得不然之理也。"

这段话的大概意思是说：我们华阳县的广大地区，居民丛杂，外来人员繁多，靠辛苦劳作而谋生的人尤其多。人口繁衍导致的贫困户比比皆是，救济抚恤作为一项慈善事业，已经不得不行实施振兴起来。

作为华阳县第九区的龙潭寺，在清末民初的慈善事业又是怎样的呢？在龙潭寺所在的隆兴场，有保婴会、惜字会、实兴会、乡课会等慈善组织。

清光绪年间，龙潭寺李、廖、范、严各姓的士绅，看到个别家庭过于贫困，由于无力抚养自己的孩子，或者父母亡故等原因，导致出现婴儿被遗弃、孤儿流浪等凄惨事件，于是几大家族便集资铜钱数百钏，成立了保婴会。专门收养婴儿和抚养孤儿，或者直接给他们钱，改善他们的经济状况，让他们有能力抚养自己的孩子。

清嘉庆二年（1797），龙潭寺的士绅成立乡课会。以本场大成宫、文昌宫、三圣宫的会款，每年分年段、分程度组织学童进行两三次的扃试，即严格采取考生各闭一室应答试题的形式，考核他们的八股试帖的水平，考试完毕将试卷密封，送县令或本邑名宿评定甲乙，分为超级、特等、一等三个等级给予奖资。

在此之后的同光年间，在龙潭寺陆续成立了具有同样功能的惜字会和实兴会。惜字会由龙潭寺的李、范、严各姓建立，经费来源有二：一是筹集的数百钏基金产生的利息，二是专门收集字纸所卖得的收入。这些经费用于购旱地收租，再次形成稳定的收益。每年字圣仓颉诞辰的那一天，全会举行庆祝活动，其中重要的环节就是召集读书子弟以八股试帖。实兴会，由本场士绅建立。购有田地三十余亩，凡本乡学子入学中举，均有资助。科举废后，久未举行。

以上三个以资助教育为目的的慈善会，在民国十五年（1926）以后，按当时的省教育厅的要求，将会款、地租等所有的收益提作兴办新式学堂的学款，于是旧的慈善模式就此终结。

龙潭寺作为华阳县第九区的区署驻地，其下辖的仁和场，即石板滩，也办有以文会、栖留所、从善公所等慈善机构。

由于石板滩处于华阳、简阳、金堂三地交界处，故而清同治初年，华、简、金三邑士绅共同筹建了以文会。此会的首倡者叫廖章元，他首先捐出两间铺面作为活动场所，后来，大家又陆续置办了板凳桌椅等设施，可以容纳九百余人。每年的九九重阳节，也举行扃门会考，分已冠、未冠命题，最开始考查八股试帖，后来改为考查经义史论，也分三等给予奖励。凡是会内有人参加州县考试录取为生员的，就会给予奖励。

廖起元等后来又建起了栖留所。栖留所原有田地八九十亩，建起房屋三间，为居无定所的流民稍避风雨。到了晚清新学兴起，遂将学款提作办学经费。民国后变产办团练。剩余的十八九亩仅收微息，以作掩埋路毙饿殍之用。

到了民国九年（1920），石板滩钟炳文、钟鉴清、李吉仁、曾祖兴等人，在当地的南华宫内成立从善公所。该公所成立的时候一清二白，基金全凭捐募。到了民国十五年（1926），该公所经华阳县政府备案。感于其善行，华阳县张姓县长遂将石板滩文昌宫的产业田地五十余亩拨归从善公所，用于办理无利借贷、施棺、恤嫠、养老、义冢、掩骸、利孤、惜字、放生、恤贫十项慈善事业之用。

另外，在乾隆、嘉庆、道光、咸丰时候，当地士绅为了让贫者能够入土为安，在龙潭寺周边方圆不超过十里的回龙寺、马鞍山、大坟包、院山寺、熊姓河堰、廖姓大堰、牛王庙、灯草堰等处，设置有八处义地，任人进葬，此为另一形式的慈善事业。

民国中期，随着社会的发展、风气的改变，新式学校日渐受到重视，旧时的善举基金多被提拨。因为新派人士认为，旧的善举不过煦煦之仁，办教育乃当务之急，百年大计，是应急办的善举，是以教化而济贫困。

因此，在20世纪二三十年代，龙潭寺的旧时慈善事业就此消失，完成了自身的历史使命。

一方水土一方人

曾咏和他的儿孙们

1844年，一个龙潭寺人高中进士

当敲出这个标题时，估计很多人都会"吐槽"：骗我的哦。

为什么呢？这事儿从没听老人们讲过，《龙潭乡志》《成华区志》等地方志也没有记载。正史与稗官都不见影儿的事，难道你能口吐莲花？

那好，请听笔者慢慢道来。

话说1840年，一场战争拉开了中国的屈辱史。尽管如此，国家机器还得通过人才选拔照常运转。道光二十四年（1844），一场被称为甲辰科的科考在北京举行。

在这一科中，一个来自四川华阳县的年轻人，以三甲二十三名的成绩金榜题名。该科在全国一共录取二百零九名，比当今的高考难多了。提出"师夷长技以制夷"而闻名于世的魏源也参加了该科科考，不过名落孙山，第二年才荣登皇榜。

此人姓曾，单名咏，字吟村，时年三十二岁。

消息传到华阳县龙潭寺门坎坡，整个曾氏家族以及周边的客家人都赶来祝贺。

打住！打住！错了。

你说的门坎坡，因场口形似门坎而得名。虽说与龙潭寺接壤，可人家真真的是在新都县木兰镇的地界。

没错，今天它属于新都地界，可一百五十年前，这里可是属于华阳县龙潭寺。

那个时候"华阳县"的范围，相当于今天新都东南部、青白江西南部、龙泉驿西部、双流东部及成华一部、锦江一部、武侯大部和高新全部。木兰镇建成同兴场，那都是1912年后的事情了。

你可以不认同我的说法，但我们看看当事人自己怎么说。

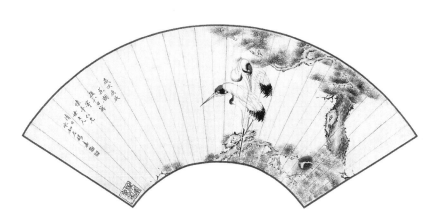

▲ 松鹤扇面　左锡嘉画

咸丰元年（1851），三十九岁的曾咏继娶阳湖才女左锡嘉为妻。那时，曾咏在户部任职，官至太仆，相当于今天的农业部畜牧司司长。由于曾咏表现好，考核得了一等，咸丰九年（1859）外放江西吉安任知府，享受副厅级待遇。

可是，这曾咏外放得不是时候，刚好遇上江南闹"洪杨"，也就是太平天国。吉安城被贼军攻破，虽迅疾又夺回，但曾咏还是被朝廷撸了官职。正好，老子还不想干了。他说：

> 峨眉风月三千路，宦海波涛十八春。
> 如此赋归安且寿，果能辞福祸难亲。

是金子总能发光。此时，安庆前线的曾国藩曾大帅正缺人手，他素来知道曾咏的才华与能力，就亲自写了一封信给曾咏，邀请他到安庆襄理军务。没想到，曾咏在湘军军营没能"安且寿"，一年后却因过度劳累，病故于军前。对这段经历，曾国荃曾老九这么写道："四川曾吟村太仆，以名进士观政农部，出守章江，深得士民心。先兄文正公治军安庆，招致戎幕，以劳卒于军。"

曾咏的夫人左锡嘉经历诸多苦难，千里迢迢扶柩回蜀，同治三年（1864）的一月九日抵达成都，左锡嘉当日有诗《扶柩至家，甲子正月十日》。诗中曰：

> 曾闻故里多桑麻，凤山之麓龙潭洼。

这是左锡嘉第一次到婆家。她听说，老公的家在凤凰山下的龙潭洼。在龙潭寺待了几年，为了子女的教育问题，她学孟母三迁，搬家到人文环境更好的城西浣花溪一带。她在《迁居锦城》一诗中记述了这件事，也再次声明他们原来的居住地是在龙潭洼。

　　僻居龙潭洼，未敢嫌湫隘。黄芦环宅生，孤松郁翠盖。及时督耕稼，除蔓理兰蕙。疗渴引廉泉，苦饥摘甘柰。女工导纺绩，儿课成荒废。空结三迁愿，忧心积烦痗。亲故劳讯问，倚马柴门外。何以荐嘉客，麦饭杂荠薤。眷言有别业，终岁敛薄税。外庑堪延师，内舍备中馈。择吉促移徙，轻车不盈载。风雨不足虑，诸孤或有赖。上堂别兄嫂，犹子牵衣袂。草木如有情，妇孺怀爱戴。行行复徘徊，暮山落空翠。

　　中国近代藏书家、校勘家、教育家、目录学家、史学家、方志学家、金石家，中国近代图书馆的鼻祖缪荃孙，是左锡嘉的表弟，他的《艺风堂文续集》中，录有他写的《曾太夫人左氏家传》一文，文中点明了曾咏的居家住址：

　　太仆旧居华阳之龙潭寺，地乡僻世，业农，太夫人躬耕以养，并日而食，无怨言，无难色。二亲既逝，以村塾不足课子，乃迁居省城之南，傍浣花溪结茅而居。鬻书画，制通草，像生花鸟，得赀以供子读。为三子娶妇，嫁五女，均从十指中求生活，蜀中士大夫莫不曰，曾氏有贤母也。

　　也许你会认为，以上二人均为外地人，不足为训。那我们看看，清末民初著名诗人、书画家顾印愚，他可是曾咏同乡，同为华阳人。他在为左夫人的《孤舟入蜀图》题词诗中有这样的诗句：

敝庐辛苦就龙潭，宰树苍凉封马鬣。

跟外地人介绍自己的故乡，往往都说一个大地方，而只有同乡才会说更小的地名。这就是说，很多文献介绍曾咏，一般只会说四川华阳人。

蜀中才女黄稚荃[①]，长于诗书画史"四绝"，她的研究以严谨著称，她这么介绍曾咏：

> ……曾咏，成都龙潭寺人，世为农民。十四岁忽自发奋读书，二十一岁中举，三十二岁成进士。……后娶左锡嘉，生三子六女。左锡嘉三十一岁时，曾咏署吉安知府，病卒。嘱左锡嘉携子女还成都，代尽子职，孝事其父母。……遵守曾咏遗嘱，携子女十人，护送曾咏及一弟一侄之枢，由江西雇舟西上，回至成都龙潭寺。[②]

历史研究专家也这么说，估计错不了。那曾氏族人又怎么说呢？在一篇《曾璋恒及其家族纪年》的博文中，我们看到了这样的文字：

> 嘉庆十八年（1813）癸酉，农历九月初三，曾璋恒出生于四

---

① 黄稚荃（1908—1993），女，笔名杜邻，又名黄先泽。四川江安人。诗人、书法家、画家。
② 黄稚荃：《杜邻存稿》，四川人民出版社，1990。

川华阳县龙潭寺门坎坡石马坟兰家院子（今新都区木兰乡石马村一组）一农户家庭。曾璋恒，字仲撰，号永言。榜名咏，号吟村。外界均称以"曾咏"，为秀英公第三子。

可以总结一下，历史上曾咏就是华阳龙潭寺人。行政区划发生了变化，并不妨碍历史事实。这篇文章不是为挑起曾咏是龙潭寺人还是木兰人的争论，这没有实际意义。我们只要知道，在东山客家的历史坐标上，有这么一位耕读传家、金榜题名的客家子弟，他的家族、他的夫人以及他的后人，都为我们留下了很多精彩的文化篇章。

戊戌年，曾氏兄弟父子赴保国会

曾经，我们有一句极其牛气的狠话："犯我强汉者，虽远必诛。"

然而，到了19世纪末，再说这话，就要被人打脸了。因为我泱泱中华，陷入了被外族随意吊打的境地。

圆明园焚毁于前，胶州湾瓜分于后。不甘为鱼肉者，纷纷呐喊而起。

离19世纪还有两年的1898年，是光绪二十四年。那一年，也就是风大雨大的戊戌年。

是年4月，正好是闰三月。此时的北京城寒意未消，但宣武区南横街的粤东新馆却热血沸腾。

这粤东新馆，又叫粤东邑馆，原名怡园，是明代严嵩别业，清初为王崇简、王熙父子府邸。史书记载："怡园山石之妙，有若天然。"清初学者毛奇龄看见的怡园是这样的：

> 清溪百折伏流低，不见桃花路已迷。
> 草花绿树晚犹生，石绕连云断夏行。

12日下午1点，粤东新馆戏台的楼上楼下人头攒动，聚集了足足二百余人，有的顶戴袍褂，也有的青衣小帽。这都是些什么人？他们都是在京的官吏和来京应试的各省举人。

见人已到齐，一个中年汉子上台发表了一番演说。他说，中国四万万人好比在覆屋之下，漏舟之中，薪火之上，犹如笼中之鸟、釜底之鱼、牢中之囚，为奴隶、为牛马、为犬羊，听人驱使，任人宰割，此四千年中二十朝未有之奇变。而近两个月来，中国失地失权二十起之多，长此以往，中国面临的也将是像波兰、印度一样的亡国结局。今日，人人有亡天下之责，人人有救天下之权。如果四万万人都积极奋进，热心救国，必大有可为，中国何患不能救！

保国会这天成立了。

这慷慨陈词者，就是当时号召"公车上书"的南海先生——康有为。

这位南海先生的一番话语，让台下的听众默默泪流。座中不仅有个别京官，如几年后成为四川总督的岑春煊，更为奇特的是，还有来自成都的一对亲兄弟和两对父子兵。

这一对亲兄弟叫曾光煦、曾光岷。

而这两对父子兵，是曾光煦与曾科进，曾光岷与曾仪进。

这曾家光字辈的兄弟俩，约四十五岁，进字辈的小哥俩二十岁出头。他们一家是成都府华阳县龙潭寺人（今新都木兰门坎坡）。在《1844年，一个龙潭寺人高中进士》一文中考证了他们的籍贯。

曾光煦、曾光岷是道光甲辰（1844）的进士、户部主事、吉安知府曾咏之子。曾光煦，字旭初，山西定襄县知县。曾光岷，字蜀章，号鹤君，光绪十五年（1889）己丑科二甲第一百二十四名，任刑部主事。

曾科进与曾仪进，当时应该都是学生。曾科进，又名曾柯晋，后为医学家。曾仪进，字叔度，后因避宣统皇帝讳，改名曾彝进；早年留学日本，归国后曾任总统府秘书，为袁世凯的心腹幕僚，曾写《我所经手二十一条的内幕》一文。

有人问："这一家四口经历了这么重要的历史事件，从何而知？"

光绪二十四年闰三月二十三日，《国闻报》以"京城保国会题名记"为题，发布了第一次与会人员名单，其中清清楚楚地记录下了一百二十七个名字，曾家两代四人的名字赫然其中。

戊戌年，那是一个变革的年份。

笔者查阅到的资料显示，参加保国会的曾家两代四人中，仅见曾光岷参与变法活动的相关文字记载。

《戊戌变法档案史料》中，我们见到了涉及曾光岷的两条史料。

是年5月，光绪将冯桂芬写的《校邠庐抗议》一书交各部议叙，也就是现在说的充分征求意见。6月，刑部主事的曾光岷对其中的《善驭夷议》发表自己的看法，他说：

"此条言驭夷之道，以泯猜嫌、布诚信为主，然此系调停缓兵之说，非长驾远驭之道也。臣查西人以兵立国，公法无凭，条约难恃，有法不感，有威乃畏……今我国未能以兵自强，而以诚信结之，臣知其必不能也。所欲即与，有求即应，怀柔示之而不我德，无端而搜寻旧隙矣，无端而非礼苛责矣，欲壑难偿，地利有尽，自古无调停而能有国者……臣故曰：驭夷之道，莫如强兵。"①

曾光岷认为，对付"以兵立国""欲壑难偿"的列强，不能抱迂腐之见，必须强大自身的国防实力。

时过两月后的农历七月二十六日，也就是百日维新的第九十一天，这时的局势相当严峻。曾光岷还是冒着巨大风险，向朝廷上了一道《速筹武备以图自强而免危弱折》，洋洋洒洒万言书，提出了练将、海军、选兵、练兵、团练、武备学堂、制器与工艺、筹饷八策。面对列强的欺凌，强调当今之急，莫如强兵。

九天后，戊戌变法戛然而止，六颗人头落地。

曾光岷的结局如何，由于资料阙如，笔者水平有限，没能考证出来。但是，在那场为国为民的大变局中，来自成都府华阳县龙潭寺的曾家两代四个男人，参与和见证了那段历史，并为国家的命运前途鼓与呼，这也是一桩历史的奇闻。

才情横溢姊妹花

二女曾懿：医声传遍杏林

同治三年（1864）的一月九日，左锡嘉扶着亡夫曾咏的灵柩，

---

① 曾光岷条陈见《戊戌变法档案史料》第346—355页。原折日期为七月二十四。

抵达家乡华阳县龙潭寺。在身边最大的孩子，是年仅十岁的二女儿曾懿。

曾懿，字伯渊，一字朗秋。由于母亲左锡嘉是江南才女，诗书画俱佳。在母亲的熏陶下，曾懿也精通诗词绘画。她绘画精于山水，书法长于篆隶，诗词各体兼备。由于她从小体弱多病，便研习医理，遍读《伤寒杂病论》《黄帝内经》等书，竟然在医学上无师自通。

二十多岁时，曾懿嫁给江南名士、湖南提法使袁学昌，此后二十余年，夫妇二人宦游江南诸省，然而并不曾荒废学问。

在游历中，曾懿时常想起家人，她在一首《病后忆季硕五妹》写到：

▲ 山水画　曾懿画　　　　　▲ 书法对联　曾懿书

扶病骞帷步，微吟养性真。秋花闲似我，新月瘦于人。
炼药烧红叶，焚香倚绿筠。不堪回首处，离绪满江津。

1903年，曾懿随夫来到安徽桐川，将昔日所作诗稿辑为《古欢室诗词集》，其兄曾光旭在序言中写道："凡四卷。首曰浣花集，乃浣花草堂闺中所作也；鸣鸾集者，乃鸿案相庄，鹿车同挽，由川入闽，由闽之皖，以取同车合好，鸾声锵锵之意也；飞鸿集者，乃随宦皖、江，萍踪靡定，以取鸿泥雪爪之意也；浣月词一卷，声情激越，感遇深远，尤为可歌可诵。"

▲ 《古欢室诗词集》　光绪刻本
哈佛大学藏　曾懿著

曾懿早岁奉母乡居于龙潭寺，家藏医书十分齐备，闲暇时留心研读，渐渐入门。时值川西一带温病流行，庸医不识寒温之别，泥执古方，以治今人之病，常常误人性命，曾懿甚为感慨。她从研读近世温病学家的著述中悟到：古医典不可不读，但不可一概拘泥，古医方不可不循，但应当重在运化；对古方古法，应当"潜心体察，掇其精华，摘其所偏，自能豁然贯通，变化无穷"；对不同的病症，应当酌情处理，加减用药，方能"无不中觳"。特别于伤寒、温病，更首当加以鉴别，不可以疫为寒，寒疫混淆，造成误治。

她尤受益于清代名医吴鞠通《温病条辨》一书。曾懿一生经历四次温症，都运用此书的理论与方药，得以转危为安。

曾懿通医，家人、邻居有疾，每为诊治，辄多效验。凡数十年，理益精而验益丰。为有益于世，她将伤寒、温病二症病情之异及治法之别，分辨明断，详辨数章，并将《温病条辨》《温热经纬》诸书各方，摘录成帙，使之一目了然。她又将生平经历的古方，选取其中疗效显著者，分门别类，一一甄别记录。

曾懿十分重视民间经验。她在皖北某地听到一个士兵说，以前他从军到一个地方，得了噎病，能饮不能食，一点办法也没有。过了数日，他到一个集市游荡，走得口渴，又没有茶水可买。只见一个小贩用一大锅煮十几只鸡现卖，这个士兵实在口渴得厉害，就与小贩协商，买了点鸡汁饮以解渴。不料这鸡汁又浓又鲜，食下即到了下焦，不像从前饮水进食往往阻于上焦而不入。于是，此兵就连买几大碗鸡汁饮服。以后他常用鸡汤煮粥作为主要饮食，胃膈渐开，毛病也慢慢好了。言者无心，闻者有意。曾懿听了以后，用心记住，以后凡遇到这类噎膈症，她就用浓鸡汁，略加姜汁治之，都获得了很好的效果。

光绪三十二年（1906），曾懿五十四岁时，著成《医学篇》八卷，次年秋刊于湖南长沙。一时竟然"洛阳纸贵"，不胫而走，医者甚为重视。到1933年，苏州国医书社将该书重辑为《诊病要诀》《杂病秘笈》《幼科指迷》《寒温指迷》《妇科良方》《外科纂要》六种，名为《曾女士医学全书》铅印发行，使该书之流传更广、影响更大。时人评价说："伯渊发吴鞠通之说，著《医学篇》传世，实是吾国近代医界之一杰也。"

同年，曾懿还写出《女学篇》一卷，附《中馈录》。在《女学篇》中，曾懿提出了女学教育的三项主张。一是教育子女，各尽义务，所以培植国民之基础。二是勤俭劳苦，家给人足，所以筹划家政之根本。再就是医学卫生，以保康强，所以强大种族之原理。虽然曾懿提倡的女学并非救国救民之良策，但她关心国事、忧国忧民的思想在当时是有一定进步意义的。

《中馈录》具有家政学的性质。书中集中地介绍了江南一带民间常用食品的制作方法和保藏方法，包括宣威火腿、香肠、肉松、鱼松、五香熏鱼、风鱼、醉蟹、皮蛋、糟蛋、辣豆瓣、豆豉、腐乳、酱油、泡盐菜、冬菜、甜醪酒、酥月饼等二十种常见的食品制作方法。在制作过程中如何选择主料、配料分量，各种佐料的配用、操作方法，以及制作适宜和不适宜的季节、注意事项等，都阐述得极为周到、详细、具体，且简便易行。中国商业出版社将《中馈录》列入《中国烹饪古籍丛刊》编排出版，并指出该书有一定的科学道理，至今仍为人们采用。

《医学篇》《女学篇》《中馈录》三书虽然内容有所不同，但因皆出自女医家之手，故清光绪三十二年（1906）木刻时，其子袁励准取曾懿之书斋名将上述著作合辑为《古欢室全集》刊印于世。袁励准为宣统皇帝溥仪的老师，现"新华门"匾额为其亲笔手书。

1907年以后，曾懿随其夫入京，晚年仍为人诊病，暇则以诗、画自娱。1927年冬，曾懿卒于北京，时年七十五岁。

五女曾彦：名列光宣诗坛

民国时期，若问近代女诗人谁的成就最高，回答是曾彦，而且一点也不夸张。

这个曾彦，就是龙潭寺人曾咏的女儿。

曾彦，字季硕。二十岁嫁给汉州（今广汉）人张祥龄。当时，王闿运执掌尊经书院，张祥龄和廖平同为其门下。曾彦也同时向王闿运学习诗词。不到十年，曾彦的功力大进，几乎在其夫君之上。王闿运曾经面试曾彦诗作，刚开始以为是张祥龄代笔，后来才知道真相。人们都说，得到王闿运诗法真传的，只有季硕一人而已。这时，易佩绅为四川布政使，闺中俱好文学，对曾彦也是十分推崇。廖平也说："曾彦诗为四川第一。"

王闿运在《湘绮楼文集》中这样评价他的女弟子：

> 古今已来，妇人传诗者多矣，其词意率不同男子。妇人从夫或从父官商，虽仆仆风尘，以为固然，从游者一跬步辄为汤文正、谭叙初所讥诃。从，一也。有所利，则人许之；无所营，则人诧之。男子有不役名利者，可汪洋恣肆以充其志；女子虽超俗，禁不许出房阁，其何以增学力哉。曾夫好奇通脱，无故挈妻子行万里，故曾诗颇有古作者之风。又不应试，可专肆其力，宜其有成也。

按照王闿运的说法，曾彦的诗好在她与男子一样见多识广。其实曾彦遵循王闿运这位拟古诗家的教导，拟曹植诗、拟陆机诗，走的是中国古典文学中固有的幽艳悱恻的路子。

我们来欣赏曾彦的一首《前有一樽酒行寄慰子馥》：

前有樽酒休叹息，请君展眉听余说。自古贤豪多坎坷，济清河浊今谁识。君不见相如涤器临邛道，不遇良时亦潦倒。祇图一割愧铅刀，敢云朝野知音少。又不闻，富贵尊荣悲患多，惟有贫贱可无他。怀忧一国甘一肉，何如陌上耕桑麻。空持科第称奇才，纵使成名亦可哀。荆榛得地比松柏，蕙兰不采同蒿莱。莫言闺中无意气，蓬门投畚惊车骑。琉璃共酌且高歌，书剑苍茫动天地。停杯惆怅缄此辞，玉阶凉月萦相思。儒生得失等闲事，徙倚微吟风雨诗。

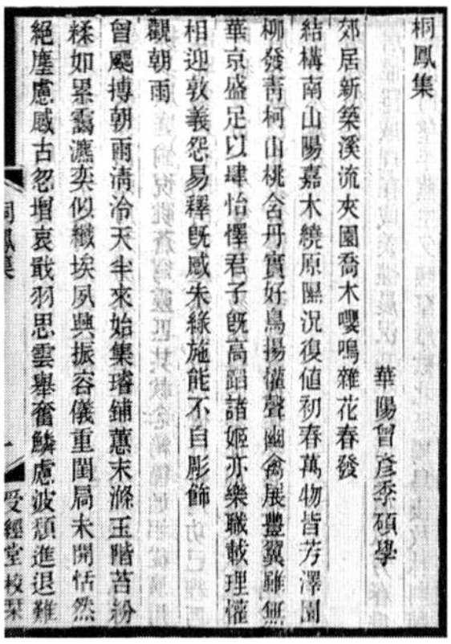
桐鳳集

華陽曾彥季碩學

郊居新築溪流夾園喬木嚶鳴雜花春發
結構南山陽嘉木繞原隰況復值初春萬物皆芳澤園
柳發青柯山桃含丹實好鳥揚權聲幽禽展豐翼雖無
華京盛足以肆怡懌君子既高蹈諸姬亦樂職載理權
相迎敦義怨易釋既感朱絲施能不自彫飾
觀朝雨
曾颸搏朝雨清泠天半來始集璿鏞蕙末滌玉階苔紛
糅如累繭漉奕似織埃夙興振容儀重闥局未開恬然
絕塵慮感古忽增哀戢羽思雲舉奮鱗慮波頹進退難

桐鳳集 一 受經堂校栞

▲《桐凤集》　光绪苏州书局刻本　曾彦著

吴虞之妻曾兰也是龙潭寺曾咏、左锡嘉之后裔。[①]他后来在“重印曾季硕《桐凤集》序”中道：“季硕通经术，工文辞，篆书仿邓石如，秀气灵襟，独得天然之美：画尤妍丽，传其家法，风流文采，为一时之冠。吾观近世女士如王秉薇、金五云、席道华、归佩珊，皆最有名，比于季硕，远不逮矣！夫何地无才，左思所叹，巴蜀文雅，文翁始

① 李义让：《新繁发现曾兰书法碑》，载中国人民政治协商会议四川省双流县委员会文史资料研究委员会编《双流文史资料选辑》第九辑，1991。

兴，顾居上者之教养如何尔。"

清人汪辟疆著有《光宣诗坛点将录》，按照《水浒传》梁山好汉一百零八将的顺序，将晚清光宣以来的一百九十二名著名诗人排了位次。勾画了一代诗坛各派的阵容，明确指出何人为领袖，何人为羽翼，何人为该派之别子，又何人为其桴鼓之应，等等。

其中就把王闿运等排在第一把交椅，视为托塔天王晁盖。袁思亮云："湘绮为湖湘派领袖，然及身而后，阒乎不闻，而散原私淑遍天下。以湘绮配晁天王，百世莫易矣。"

同时，《点将录》也将曾彦夫妇纳入其中，张祥龄为地微星矮脚虎王英，曾彦为地慧星一丈青扈三娘。下面批注：张祥龄，字子馥（子宓），广汉人，有《子宓诗钞》《前后蜀杂事诗》等存世。曾彦，字

▲ 富贵长年　曾彦画

季硕，华阳人，有《桐凤集》《虔共室遗集》存世。

曾彦不仅善诗，同时也善画。她曾作《醉胡图》。据黄稚荃记载，该画长约三尺，高一尺余，绢底，工笔彩绘，中作一大穹庐，胡王虬髯碧眼，一手执觚，坐于榻上，昂首凸胸，做沉醉欲后倒状。绕榻立数妇人，皆高髻盛装，有抱婴孺者。其前有小胡吹笙做旋舞，其侧则有醉仆地者，有抱瓮狂饮者。人物数十，胡王约高三寸，余则一二寸不等。无题吟，只单款署曾彦名。黄稚荃曾为吴虞妻弟、川大法学院院长曾阖君教授题曾季硕《醉胡图》一首：

> 九天鸣风倾城姝，建安诗骨卑庾徐。余情绘素亦殊绝，穹庐妙趣毫端驱。小胡歇侧老胡仆，扳婴倒瓮倾醍醐。赤跣胡奴陈乐舞，婆娑旋转和笙竽。胡女如花左右侍，胜鬟高髻垂明珠。巉巉胡王碧玉目，醉倒高坐张髯须。昔者唐贤绘王会，昆仑月窟来休屠。璇闺游戏绝大漠，神奇傲诞宁相摹。曾侯陋巷潜其德，牙签万轴伴居诸。管姬竹石李卫字，此图晚出价尤殊。五瓣芸香十重锦，珍藏护惜犹防疏。令我观之意踟蹰，大雅不作谁能扶。难继青莲上云曲，卷头题语徒区区。曾侯见道意自如，早已八荒为庭除。沧溟跋浪浮天去，饱读环瀛万国书。归来故宅任荒芜，北窗睡起自蘧蘧。不用操卮与执觚，酩酊且展醉胡图。

戴全如：清末评书武状元

一声尺木乍登场，滚滚滔滔话短长。

前史居然都记着，刚完三国又隋唐。

这是清代诗人诸明斋写的一首《说书》诗。很多人都有小时候听评书的记忆，台上四大件——扇子、醒木、汗巾、盖碗茶。只听得"啪"的一声，惊堂木一响，"上回书说到……"这便是开篇。如果是"且听下回分解"，那就一溜烟赶紧散场，要收钱了。

话说清末民初，虽然社会动荡、民生疲敝，但四川的评书却逆风飞翔，逐渐进入了一个繁盛时期，仅成都一地就有几十个书场，深得市民喜爱。清光绪年间，成都人邢锦生在一首《锦城竹枝词》里写道：

萧条市井上灯初，取次停门顾客疏。

生意数他茶馆好，满堂人听说评书。

当时成都评书行业的历史与现状是怎样的呢？

"至清季成都说书者已多，最出名者，如钟晓帆、戴狗肉、谢伟如、萧树堂等辈。今钟晓帆已逝……其说法分为三种，一清棚。引今证古，专重说理，钟晓帆代表之。二擂棚。高声大嗓，多说战场，戴狗肉代表之。三照棚。言话取巧，注重滑稽，谢伟如代表之。"①

据《中国曲艺志》记载，这排名第一的说书高手叫钟晓帆，生于1862年，是光绪年间的秀才，也曾做过私塾老师，粗通文史，杂通九流，口才十分了得。其人谈吐儒雅、语言优美，引经据典信手拈来。说书时，只听得其口吐珠玑，表情时有阴阳，配以少量动作。当时人称这种说书风格为"清棚"，钟晓帆也被世人称为评书"文状元"。其擅长的《三国》《七侠五义》《青城剑》《蜀山剑侠传》，也是脍炙人口，大受欢迎。

和"文状元"钟晓帆齐名的，就是上文提到的戴狗肉。这戴狗肉名叫戴全如，就是龙潭寺人。

戴全如，祖籍广东，其先辈移民入川，后定居在龙潭寺。其家不仅有几亩薄田，还开有地羊肉馆。1876年，戴全如生于龙潭寺，在客家耕读传家的影响下，他从小开始读书，打下了一定的文化基础。但由于其家是卖地羊肉的，即狗肉贩子，在明清两代，屠狗宰牛之辈与倡优、奴仆、隶卒等一样，都属于贱籍，贱民本人及其三代子孙，不准参加科举考试。

戴全如读了五六年诗书，见顶上的玻璃天花板堵死了发达晋升的门径，加之龙潭寺所在的东山地区常有匪盗滋扰，族中习武自卫者甚多，他便改行参与其中，还探得些许武术的堂奥。

稍长，为了生计，他便在农闲时拜师学艺。

能成名成家的人，自然天赋异禀。戴全如也是如此，他打小就天资聪颖，博闻强记，而且长得膀大腰圆，还有武术功底。这些个体

① 《成都之说评书业》，《四川月报》1933年第二卷第二期。

上的优势，他都用上了。他根据自身特点，仔细选择并研究书目，对书中人物性格、故事情节挖掘其始末细节，直到完备为止。所以，他表演的书目，几乎很难找出破绽。为了便于传播，他收集、整理了大量的时事韵文，在长篇开书以前，他照例先用顺口韵文演一段新闻逸事。而四川的有韵评书，就是戴全如开创的，这是后话。这有韵评书，两句一换韵，仄押仄，平押平，句子不拘长短，但有节奏。

出师后，戴全如农闲时租住在丁字街，常驻状元街口的茶社和附近的几处茶社登台表演四川评书。他说书时，长枪大戟，调高嗓大，声音铿锵，极富震撼力和感染力，创出了自己的特色，并很快在成都评书界打出了名头。

戴全如的评书，与"文状元"钟晓帆的温文尔雅、娓娓道来完全不同，他走的是另一条路子——泼辣豪爽，大开大阖。他善讲将帅交锋、擒拿格斗之类的故事。讲述战场的厮杀吼喊，并佐以川剧的手势和身段，给人以亲临战场、锣鼓号炮、刀光剑影、人喊马嘶、筋响骨炸之感，世谓之"擂棚"。由于其风格豪放雄壮，被群众誉为成都评书界的"武状元"。他的代表书目有《三国》《水浒》《说唐》《说岳》《七侠五义》等，尤以《七侠五义》别具一格，把抽象的侠和义演绎得生动形象，七侠各有性格，五义人人灵活。评书《七侠五义》中双侠丁兆兰与丁兆蕙，侠肝义胆，深得听众喜爱。因此，民国时期，老成都有很多女娃的名字中都有一个兆字，就是女孩子心生倾慕而为之。

戴全如身材高大而不臃肿，表演时专门定制一短小案几，目的是出手亮相时，不至于遮挡观众视线。由于表演精彩、情节紧凑、出口成韵，引人入胜，代入感极强，听众往往痴迷书中而不能自拔，因而他从不用醒木。

由于有卖狗肉这段家世，人们也称之为"戴狗肉"。在他成为名家以后，大家依然这么称呼。

20世纪的20—40年代，钟晓帆、戴全如作为文武双星，闪耀在四川评书界。他们分别代表了评书的流派的"清棚"和"擂棚"。"清棚"以清读为主，多以第三人称叙述。其特点是注重文采，武书也文说，讲究语言艺术，妙语连珠，谈吐风雅，以生动形象的语言技巧去打动听众，感染听众。"擂棚"的特点是在表演时注重武讲，或叫"武案"，以"吼喊"为主，多以第一人称进入角色，注重环境、声音、气氛的渲染，绘声绘色，注重模拟形容，力求形态逼真，使人听起来有身临其境的感觉。当时，评书界还有诙谐见长的嘻派，讲儿女情长的艳派，但只有钟、戴两派发展最盛。

钟晓帆一生都在成都说评书，家住走马街，弟子众多。而戴全如家住城内青石桥南街附近的丁字街，也可称得上弟子如林。上面引文中提到的"照棚"的代表性人物谢伟如，就是戴全如的得意弟子，其他还有杨和平、杨茂林、吴国安、张汉培、李银山、曾树成等人。

民国时期，成都大大小小的茶铺门口经常挂出粉牌，上书"师承钟晓帆"或"真传戴全如"几个大字。就如同今天的电影要用流量明星的名号来保证票房一样。而这两人的徒子徒孙也常有出类超群之辈，遍及川西、川北地区。

据介绍，成都城内说书多用成都话，在资阳等地则用南路腔口，而戴全如回到龙潭寺等地则用当地的土广东话，听者如云，座无虚席。

1941年，成都评书武状元、"擂棚"名家戴全如去世，享年六十六岁。

李甲生：川剧舞台活吕布

一百年前，华阳县龙潭寺石板滩出了一个在川剧舞台上的大腕。今人多不知道他有多大的腕。他与川剧戏圣康子林齐名，被点为川剧状元。在当时是无人不知，无人不晓。

拜入名家成名伶

李甲生，字琴生。清同治二年（1863）生于石板滩，当时属于华阳县的龙潭寺管辖范围。李甲生小的时候，家境贫寒，读了几年私塾后，实在供不起了，家人只好送他去学戏。

当时走这条道路，不比现在这般星光灿烂。当时，戏子被视为最卑贱的职业，属于下九流中的末端，是贫穷人家的无奈之举。

不幸中的万幸，李甲生受业的戏班不是一般的草台班子，而是当时成都鼎鼎大名的太洪班。他拜太洪班生角许小廷为师。李甲生的岳父徐耀廷亦是该班著名生角，人称"活孔明"。李甲生的艺术，都受益于许、徐二人。

但是，传说李甲生唱功不足，唱腔微左，时有跑调。

在李甲生盖棺后，有人写过一联说他"跑调"一事，其中联语中的原注讲"对付"一词说——"对付：琴生唱丝弦而不能唱高腔，且喉咙是左的，其演剧专讲对付。"

　　丑则有三官，净则有李犇，生则有名扬，旦则有翠香，贵族几许，人才伤哉又弱一个；

　　肥不如玉娃，瘦不如兰廷，文不如子林，武不如曹黑，舞台犹工，对付遂觉压倒同行。

　　知耻而后勇，于是，李甲生便在表演、表情、服装上狠下功夫。他面白微胖，相貌颇佳，兼之表演细腻、形神俱备。他文武兼长，文戏潇洒风流；武戏功架稳练大方，头颈功夫尤佳，翎子功异常扎实，演《凤仪亭》二十四个凤点头，翎子不绞不乱，妇孺皆知。剧情的发展和人物的内心活动在一对翎子的舞动中皆有所展现，有"活吕布"之誉。

　　李甲生的文生戏亦颇脍炙人口，尤其在饰演《南华堂》及《锦香亭》中的小生时，风流俊雅，获观众极高评价。

　　李甲生主攻川剧丝弦戏，但他从不抱残守缺，而是积极向其他地区的戏剧学习。他曾赴京向京剧名家求教，并将京剧《法门寺》移植为川剧，重新设计胡琴唱腔，对丰富和发展川剧胡琴腔做出了贡献。

　　据说，李甲生在《战船图》中扮演周瑜时，服装就换得很好。当周瑜拜了水军都督，辞朝回府时，李甲生的头上是全插紫金冠，长长的雉尾，身上是红蟒、玉带，捧着斗大的金印，仪容整肃，表明孙权对他的重用。

　　周瑜回府后，众谋士求见，这时李甲生的头上便去掉了全插紫金冠，换上御儿巾，加上五颗绒球，身上是淡青褶子。这是他家居的服饰，表现了周瑜的风流倜傥，也表现了他和众谋士的亲密关系。等到诸葛亮求见时，由于诸葛亮天下知名，风流儒雅，又是刘备的股肱，周瑜当然得另眼相看。但又不能从排场上去讲究，以免落了俗套，于是李甲生又去了御儿巾，重新戴上全插紫金冠，插上雉尾，但身上却是鸳鸯褶子，里面是一件大红褶子，再罩上一件敞开的淡青衣服，露出半大红，在风流潇洒中，显出气度的雍容。这样根据不同的情况，而给人物以不同的穿戴，对人物形象的塑造起了积极作用，这和只是炫耀服饰而换穿的性质完全不同。

惊奇的是李甲生有个弟弟，叫李培生，外号"腊狗子"。他也走上了川剧这条道路，以"翎子功"著称。故观众中有人赞誉："曹黑娃的旋子，康子林的尖子，当不得腊狗子的一对翎子。"

并肩戏圣点状元

1908年的一天，成都华兴街的悦来茶园迎来了一场特殊的考试。

这场考试是经四川总督锡良批准，由劝业道周孝怀亲自主持，戏曲改良公会承办的一次考试。

担任评委的是成都商会、提学使司、警察总局的人员以及赵熙、黄吉安等成都文化名流。而参加考试的，是成都太洪班、庆华班、宾乐班等各大戏班派出的台柱子。

为什么要举办这次伶工考试呢？

话说晚清开始，社会改良成了当政阶层与社会精英的共识。而戏曲是那个时代普通民众最便于接受的文化娱乐形式，为了票房收入，当时的戏剧舞台被淫戏、凶戏充斥。

为了整饬社会风气，1905年成立了戏曲改良公会，"改良戏曲、补助教育"就成了戏曲改良公会的宗旨，并由此拉开了改良整肃的大幕。伶工考试，就是其中的举措之一。成都所有的戏班子须经考试录取后，方准演唱，按日召集公演，评定优劣行赏罚。

那考核什么呢？不仅要看伶工的舞台技艺，而且要看人品和文化，进行综合评定。

全面考核的结果出来，太洪班的李甲生和庆华班的康子林以技艺、文化和品德三优名列榜首，同获戏曲改良公会颁发的大银质奖章，被点为"戏状元"。但也有名角因为表演"淫秽戏"而被封杀除籍。

这康子林，我们耳熟能详，也就是康芷林，被称之为川剧戏圣。

《成都鞠部题名》记录了桂溪鱼叟写李甲生的小传，云："李琴生……饰弦索小生，华贵雍容，与子林并驾，减去神教，克绍师傅，谢世已十年。"直到1947年，有人还在当年11月1日的《蓉风》三日刊上载文纪念《李琴生鳌头独占》，回忆他在清末戏曲改良公会举行的伶工考试中，曾被点为"戏状元"。

辛亥革命后的1912年，一时成都百业凋敝，戏曲界人士生计艰难，李甲生与康子林等与在蓉各戏班酝酿成立川剧组织进行自救。李甲生作为当时"太洪班"的首领之一，积极出面活动，并建议以乾嘉时期名震北京的"三庆徽"为名，最后商议定位"三庆会"。"三庆会"的成立，是为川剧发展史上的一件大事。

百年之后众人怜

1915年，正当年富力强，在艺术上日臻成熟之际，李甲生却被无情的病魔夺去了生命，终年五十二岁。川剧界和文化界的名流无不表示惋惜，纷纷写诗词、挽联哀悼。

1915年第二卷第一期《娱闲录：四川公报增刊》登载了署名冷公的《蜀中名伶李琴生挽词》。序言中写道："琴生为蜀中伶界领袖，洪钟巨响震动一时，尤工于慷慨悲歌诸戏曲，兹忽奄逝，闻之戚心，辄赋此诗以挽之。"

这首挽词把李甲生一生的拿手的剧目一一写来。"须眉绝似张招讨，血染征衣尚誓师"二句，讲李甲生演《三尽忠》一剧，扮张世杰，忠勇之状如见其人。"大红宛转歌喉巧，小红急促鼓声浓"二句，说李甲生高足雷泽洪，及其再传弟子王小红官。雷肥王瘦，故世有燕瘦环肥擅一门之誉。雷工唱，王擅花鼓。"忆昔周郎顾曲日，李生青钱选第一。同时康生亦得名，两人瑜亮相砥砺"四句，写清时周孝怀观察考试诸伶，李获首选，康居次。

同期的《娱闲录》刊载中江怪物的《闻伶人李琴生卒感成南北曲一套》，对李甲生的舞台技艺如过电影般一一展现，同时对他的逝世深表痛心。曲中有一段写李甲生在世时对成都川剧界的影响："犹记得，锦城丝管喧，锦里春光烂。好良宵，携朋挈伴，把戏场，竟当作观场看。"每到晚间，成都人就呼朋引伴，前去看戏，场面可谓盛况空前。

　　而他扮演的角色，又是那么入戏，演什么像什么。可以是"写真的吴道子"，也可以是"龙门泛史司马迁"；情深处"能使英雄志短"，刚毅时"能使儿女情坚，能掏出烈士心肝"。最让大家津津乐道的，是李甲生的武打戏，"最难忘呵，是那英姿飒爽来酣战"。

　　李甲生去世了，"从今不听黄鹂啭，旧歌场驰风走倦。你看那，锦江春水流花片。"大有高山流水失知音之感慨。

　　当时，还有几副挽联，悼念李甲生的去世。

　　其一：

> 收拾银拨冰弦，羡君已醒《南华梦》；
> 唱到晓风残月，教人长忆《锦香亭》。[1]

　　联中的《南华梦》《锦香亭》二剧，为琴生生平绝唱。光绪年间，李甲生随太洪班到川北中江一带演出，深受当地观众喜爱。此联用词优美、意蕴深长，是李甲生挽词中的佳作。

　　民国二十三年（1934）一月三十一日，华阳人陈秋舫出版了一本叫《梨园感旧录》的专集，专门题咏清末民初的川剧人物。其中，对李甲生的评价是这样：

> 翩翩浊世佳公子，华贵风流擅胜场。
> 可惜龟年身已殁，落花时节倍神伤。

---

[1]　邓运佳：《中国川剧通史》，四川大学出版社，1993。

　　诗中将李甲生比作唐朝梨园名家李龟年，此人是唐诗中鼎鼎有名的人物，如耳熟能详的"红豆生南国，春来发几枝"就是王维赠给李龟年的。将二人相提并论，可见对李甲生评价之高，同时也表达了对李甲生逝去的无比惋惜之情。

诗书画家吴继周

民国三十四年（1945），成都人薛志泽辑刊了一本书，叫《益州书画录》①。书中纂述了从清初到民国三十五年（1946），川籍和宦游流寓四川的诗书画人一千二百余人，概述了他们的生平事迹、著述及其艺术风格。

此书影响很大，由张大千乙酉题签，后来的《中国美术家辞典》《中国书法大字典》均多有征引，对后世收藏鉴定提供了可贵资料和索引，一些民间收藏家也据此按图索骥。在这本书中，将籍贯记录得详细到乡镇的只有一人，这人就是吴继周。

▲ 吴继周书

① 《益州书画录》（包括续编、补遗、附录）记载了从清初到民国三十五年（1946），川籍和在川的诗书画人。作者薛天沛，字志泽，自号中隐楼主，系成都九里堤人。

书画留迹声名稀

《益州书画录附录》中介绍："吴继周，字梦湘，华阳龙潭寺人。工画梅竹，气势雄浑，近清之彭雪岑。"

1984年，巴蜀书社重新出版《益州书画录》，由林孔翼、何韫若、梅铮铮校注。对吴继周，书中有两条校注。一是"华阳龙潭寺：在成都东北二十里"。《华阳县志古迹四》称，"旧志云：'蜀汉所建，历代递有修葺。清乾隆中重修。'"寺内有龙潭，传说蜀汉时刘禅曾浴于此，因此为名。现场镇约于清康熙元年（1662）因寺之香火兴盛逐渐形成。本名"隆兴"，但民间仍习称龙潭寺。

从这一校注可以看出，三位先生也认为，书画家吴继周是龙潭寺人。

另一条，是讲吴继周的绘画风格接近于"清之彭雪岑"。彭雪岑是谁？彭雪岑就是鼎鼎大名的彭玉麟。

彭玉麟，字雪岑，号退省庵主人、吟香外史，湖南衡阳人，官至两江总督兼南洋通商大臣，兵部尚书，清朝著名政治家、军事家、书画家，人称雪帅。与曾国藩、左宗棠并称大清三杰，与曾国藩、左宗棠、胡林翼并称中兴四大名臣。

彭玉麟多才多艺，诗书画俱佳。书法奇峭，下笔立就，不轻与人书。善画梅，一生所作，不下万本。他笔下的梅花"老干繁枝，鳞鳞万玉，其劲挺处似童钰"，被称为"兵家梅花"，堪为一绝，与一般文人画的梅花相去甚远。他画中的梅树，身姿虬曲，铁骨铮铮，古拙苍劲。枝间的梅花，吐蕊绽放，生机盎然。画上题诗，让人更能体悟到"儿女心肠，英雄肝胆"的意境。

说吴继周的梅花风格接近彭玉麟，笔者没见到实物，不敢胡乱置喙，但见到过他另一画竹的作品。这幅题名叫《竹石》的立轴水墨纸本画，墨色浓淡分明，枝叶疏密有致，苔点颗颗清晰，笔力苍劲，非同凡响。画作左上方录有清代戏曲家蒋士铨①的《秋竹山房》诗：

> 有根乃有节，风霜不能苦。
> 旧箨换新萌，青鸾好毛羽。
> 蟪蛄谈春秋，萧疏自千古。

最后题款为"仿文湖州笔意，作于古渝州，戊申（1908）七月蜀东逸民梦湘氏"。

原来，这是1908年吴继周在重庆仿文同笔意的一幅画作。蟪蛄，即"知了"。他在1909年重游吕祖阁的《再步元韵》诗中，也用了"蓬矢桑弧重远游，蟪蛄难与说春秋"的诗意。

另外，还见到过吴继周的一副书法对联：

> 囊简久藏科斗字
> 诵诗新作鸾鹤声

---

① 蒋士铨（1725—1784），清代诗人。字心馀、苕生，号藏园、清容居士，江西铅山人。乾隆年间进士。官翰林院编修。有《藏园九种曲》《忠雅堂集》。

这上联取自苏轼的《谢曹子方惠新茶》：囊简久藏科斗字，铦锋新莹鹧鸪膏。

上题有缺，但仍可见"仁兄雅嘱"四字。落款为"梦湘吴继周"。

诗酒唱和友朋多

关于吴继周的生平事迹，笔者想尽办法，几无所获。但是从晚清和民国时期的期刊中也发现了一些蛛丝马迹。

原来，吴继周不仅"工画梅竹"，而且诗词、文章也非常了得。经查阅发现，在1907年到1909年间，重庆的《广益丛报》刊发了他的大量作品。

如谈教育的《论重庆商学之宜亟办》，议论小品《育蚕说》《养蜂说》，讽喻诗作《劝赈谣》，其他更多的是朋友间的诗词唱和，如《和商会公报文苑黄花原韵十六首》《步龚苹珊重游吕祖阁原韵》等。

1907年7月29日的《广益丛报》刊登了署名"梦湘吴继周"的《育蚕说》一文。文中说：

> 一国之政在养民，一家之政在养蚕。……夫蚕而曰青，有养育抚育教育乐育数义。……如是则育蚕之道，得而种桑之利兴，即富国之策，于是著而家可知矣。由是以育蚕所得之利，转而育才，兴学堂，设武备，练陆军，皆绰有余裕。

全文看似在说养蚕，其实由养蚕而发散到经济、教育，在延伸到国家治理，"育蚕之道，得而种桑之利兴，即富国之策，于是著而家可知矣。"最后用庄子的话结束："凡物始于细，终于巨。"可谓是发微之论。

清光绪三十一年（1905）七月，重庆商务总会所属的《重庆商会公报》创刊，是为旬刊，主要刊发商务公文、商情、物价和中外工商新闻。当然，也有文艺副刊。

1908年第112期的《重庆商会公报》文苑刊登一组近体诗，名叫《黄花》，一共八首。从诗作内容看，此时应该是在重阳节前后。

今选其一：

> 满园风叶满林霜，照眼东篱花正黄。得酒周旋成妙友，耐人寻索有真香。
>
> 置诸华屋应无忝，卧到空山亦自芳。回首不知群卉老，且将余兴醉斜阳。

吴继周看到这组诗后，兴致大发，技痒得很，遂将自己写的十六首和诗寄给了《广益丛报》，并于1909年正月一日第192期刊出，就叫《和商会公报文苑黄花原韵十六首》，也选其一：

> 人生能历几星霜，且把酒杯挈蟹黄。倒甓不妨心并醉，餐英料得口都香。
>
> 春风桃李多凡卉，秋雨梧桐剩晚芳。酿取寒花堪益寿，引年

何用服昌阳。

但笔者认为,吴继周写得最好,也最具有现实主义风格的篇章,当数刊载于1909年10月8日第212期《广益丛报》国风栏目的《劝赈谣》。诗歌从明朝灭亡的历史教训中,向清王朝发出了严厉的告诫:"有明乱亡是前车,国且覆灭何有家,愿君保家先保国,慎防海内起流贼。流贼自古半饥民,中有英雄在草泽。君不见张打铁李打铁,杀人如麻无留迹,不信请君看蜀碧。"这样关注民众生计的呐喊,在那样一个大厦将倾的时代,还是具有一定进步意义的。

年龄里籍待考证

1909年,吴继周和好友龚苹珊、邓笃棠等两三人,结伴来到位于重庆江北的吕祖阁游玩。他们面对眼前的古刹野鹤、青松翠柏,以诗酒自娱,回想起四十年前的那次少年游,生出岁月沧桑的无限感慨。他们分别写下了诸多诗篇,互相唱和。但从这些诗章中,我们推测出一些关于吴继周年龄的诸多信息。

龚苹珊的《重游渝北吕祖阁感赋》其一写道:

重临胜地忆前游,弹指光阴四十秋。旧日亭台犹仿佛,新栽花木更清幽。

此行应涤尘千斛,自愧难倾酒半瓯。差幸年来腰脚健,扶筇不厌久勾留。

吴梦湘《步龚苹珊重游吕祖阁原韵》其一写道：

> 卅载居然续旧游，问花开落几经秋。苍苔满地晴犹滑，翠柏参天老更幽。
>
> 树有余阴容布席，酒逢豪兴欲倾瓯。只怜日暮匆匆别，主亦旋归客不留。

江州邓笃棠《步重游吕祖阁原韵》其一写道：

> 童冠几人结伴游，一年好景在春秋。竹芦有笋争先长，桃李无言独自幽。
>
> 古刹到来松满径，新诗和罢酒盈瓯。陶然共醉神仙府，野鹤闲云任去留。①

从诗中我们可以看出，这已经不是他们第一次游吕祖阁，而是故地重游。从三人的"弹指光阴四十秋""卅载居然续旧游""童冠几人结伴游"中可以看出，上次游玩是在四十年前，而且当时他们还处于"童冠之年"，而今已是"半生偃蹇敢人尤""岁月蹉跎叹白头"，由此可以推知，吴继周等人此时应在六十岁左右。

前文提到的1909年10月《和商会公报文苑黄花原韵十六首之

---

① 以上诗作均见1909年第205期《广益丛报》。

四》中，吴继周自称"颓龄能制究无凭，试问渊明得未曾"。"颓龄"一词，也可以印证，他们此时已经到了垂暮之年。也就是说，吴继周出生在1850年前后。种种迹象表明，吴继周后来长期生活在重庆，以诗书画自娱。

另外，在《广益丛报》1907年第130期和131期的国风栏目，笔者发现了《友人招饮》《读瀛寰全志用前韵》《独立》《病起感怀》四首诗，署名"古龙潭逸民"，这是否是吴继周的笔名，因无法考证，姑且存疑，以待方家。

至于吴继周究竟出生在龙潭寺具体哪个地方，现在不可考。从龙潭寺的吴姓家谱中是否能找到相关资料，我们拭目以待。

这方土地这方事

廖观音争夺龙潭寺

1902年春，从京畿一带传来的义和团运动，打着"顺清灭洋"的旗号，在四川迅速蔓延。

古语道：天下乱局，天灾人祸。

1901年四川遭遇特大旱灾，前任川督不思赈济，致使灾民四处逃荒乞讨，并大量聚集于富庶的成都附近东山区域。

同年，四川革命人民"扶清"失败，与清军发生了直接对抗。到了1902年，四川义和团经过一年多的宣传组织和战斗锤炼，"灭清剿洋"的号召已深入人心。

石板滩的廖九妹，在人称"曾罗汉"的曾阿义的推荐下，加入义和团，以其身着月白短衫、头顶青巾的观音扮相和超人的武功，迅速成为一方首领。

在四川义和团运动日益高涨形势的影响下，石板滩红灯教的活动如火如荼。廖、曾二人将红灯教设棚为单位，由师父传教：分每十一个教徒为一小棚，由棚首领领导练拳；每十个小棚为一大棚，借以约束组织团众；红灯教其他首领也化名为罗汉、神仙等，依托佛法来号召民众。廖观音把门前的院坝、干涸池塘等索性变成练武操场，并亲自教授教徒练拳。

红灯教的活动情况传到华阳县令龚子蔓耳朵里，他派团丁前去搜捕。廖观音奋起抗击，从此，开始了以廖观音为首、曾阿义为副的川西义和团与清军的武装对抗。

四川总督奎俊得报后，感到异常吃惊，他万万没有料到，在成都附近会有义和团"滋事"，于是派清兵百人往剿。1902年6月13日，清兵赶到二台子（今新都境内）去镇压，不料却大败。清廷为四川局势震惊，急调马维骐为四川提督，"酌带勇营，配齐军火，迅速赴任"。

6月17日，华阳县令探得红灯教在龙潭寺文昌宫练拳情报后，亲率练丁前往拿办，却中了埋伏，险些丧命。是年6月下旬的一天夜晚，廖观音亮出了"扫清灭洋"的旗号，在石板滩川主庙门上贴出了一副对联，上书：

> 打铁打钢打江山，都是铁罗汉；
> 救苦救难救黎民，争效观世音。

这之后，廖观音决定从北路石板滩增兵龙潭寺，兵伐成都。

7月下旬，廖观音在石板滩击败清军后，挥师西下驻院山寺（距龙潭寺两公里），并同二台子、院山寺一带的义和团会合，"于二十二、二十三日会攻省城"。龙潭寺对成都至关重要，廖观音若破龙潭寺防线，则两小时可直抵成都，于是清军也向龙潭寺节节增兵，龙潭寺大战迫在眉睫。

7月23日，义和团数路进攻龙潭寺，经过一天的血战，义和团"晚间破场，焚去场尾、场首草房数十间"，清军不敌，退出龙潭寺。

清军丢掉龙潭寺，使川督奎俊大为震惊，当时成都"深夜火城明到晓，巡街大字是灯笼"。王增琪在《亲督师》一诗中写道："拳民兵郭，声打教堂，人言啧啧，官心惶惶。群聚督署，弘颜筹商，不闻谋路，惟余恐慌。"

7月24日，按察史陈璃领兵前往龙潭寺督战。当他们到达龙潭寺时，犹入无人之境，他以为廖观音已闻风而逃，便将清军驻扎在龙潭寺。哪知，这却中了廖观音的计。傍晚，各路义和团向龙潭寺发起猛攻。幸好清军的洋枪洋炮先进，抵住了义和团的进攻。

7月26日，陈璃接到廖观音的战书，"约明日大战"。陈璃向奎俊求援，奎俊当即派兵增援龙潭寺。次日天明，只见廖观音坐花轿，包红帕，手拿三角小旗，率众铺天盖地杀向龙潭寺场口。一时间，战场上炮火轰鸣、硝烟弥漫，红旗凌空招展，马队轮番冲击，喊杀之声如雷贯耳，"刀枪不入，刀枪不入"的咒语响彻云霄。

这场血战"至酉刻不分胜负"。也就是说这场激战从早上一直打到下午六七点钟，义和团没有攻进龙潭寺。清兵占据有利地形，死守场口，用抬炮和九子步枪密射。

虽然战争的主要因素是人，义和团也是人马众多且勇敢剽悍的，但装备的先进程度，也是决定战争走向的重要指标。在后来的攻击中，清军的开花炮使得义和团伤亡巨大，义和团始终没能攻进龙潭寺。眼见伤亡惨重，廖观音只得率领部众向金堂、广汉方向败退而去。

这就是20世纪初发生在龙潭寺的一次惨烈的战事。

战事与赵藩攻心联①

光绪二十八年（1902）九月，原陕西巡抚岑春煊②因川中义和拳红灯教蔓延，临危受命，执掌川督。

新总督轻衣简从，单身赴任，这是不按官场惯例出牌。而上任伊始，他也没首先召见前任，更是剑走偏锋，刚安顿下来，他立刻吩咐手下："你去把樾师请来。"

这樾师，姓赵名藩，字樾村，云南大理府人。岑春煊之父岑毓英在云贵总督任上曾邀赵入幕府任职，同时又聘其为家庭塾师。赵与岑父有宾主之谊，与岑春煊也有师生之情，自然是信得过的"老"人。此番入川，已请赵藩先期到成都打探虚实。

岑、赵二人坐定，没有客套，直奔主题。岑问道："樾师，据您掌握的情况看，这川中乱局因何而起？"

"自古天下乱局，大多不出'天灾人祸'四字。"赵藩说道，"去前年，川中频遭旱灾，民间积贮早空。去冬今春之交，川民无所得食，扶老襁幼，迁徙他乡，转死道途者，已难胜计。其不能去者，或男女相守，僵于牖下；或骨肉并命，残填沟渠；或将尽之喘，卖及

---

① "攻心联"是成都武侯祠诸葛亮殿堂前的一副名联，1902年由近代著名学者赵藩撰书。联文是："能攻心，则反侧自消，从古知兵非好战；不审势，即宽严皆误，后来治蜀要深思。"

② 岑春煊（1861—1933），字云阶，号炯堂老人，曾用名云霭、春泽，广西西林人。历任四川、两广、云贵总督。

儿女，以图一饱；或一家之长，先杀其属，后乃自裁。市廛寥落，闾巷无烟，徒死之余，孑遗无几。"

"我看过邸报，山东道监察御史高枬上奏说：'四川去冬皆缺雨，栽插不及十分之三。至四五月虽有小雨，不能栽插。米价腾贵，石米涨至十金。'真没想到有这么严重！"

"据我了解，川省受灾范围，除省城外，计有九十余州县上报灾情，有风灾、雹灾和水灾，灾民达数千万人。"

"是啊。对这次特大灾情，奎乐峰①采取了一瞒二拖三怪的策略。先是向朝廷隐瞒不报，还谎称四川雨水调匀，粮价平易。省城成都幸赖李冰的都江堰，造就了一个'水旱从人'的好光景。五六月间，省城穷民食大户者，每处聚集二三千人。拉人勒赎之事，省内也时有所见。川西、川南移家入城避难者，纷纷在道啊。"

"我也听说了，奎乐峰半年过去，既不奏闻，亦不议恤。"

"他还把责任全部归到匪乱日炽身上。这岂不是缘木求鱼吗？"

"橄师，您给我讲讲四川红灯教的情况。"

赵藩就把四川闹腾得最厉害的一支拳乱一一道来。说是成都东向迎晖门外，有一片几十平方公里的浅丘地带，人称东山。东山有隆兴场（龙潭寺）、甑子场（洛带镇）、廖家场（清泉镇）、西河场、仁和场（石板滩）五个著名的场镇，人称"东山五场"。这一带地势十分重要，丘山环抱，集市热闹，逢场之日，商贾云集，贸易十分繁盛。在石板滩有一个铁匠，名叫曾阿义，外号曾罗汉，庚、辛二年，

① 奎俊，字乐峰，满洲正白旗人。光绪二十四年（1898）授四川总督。二十六年（1900）署成都将军。

在京畿一带做过拳匪，逃窜回到四川，积习难改，趁川中大灾之际，饥民众多，意图作乱，又恐号召力不够，就躲在幕后，学着红灯照的伎俩，装神弄鬼包装了该场一个叫廖九妹的出来，说廖是观音化身。四处传布悖逆妖言，说什么"廖观音救苦救难救百姓，曾罗汉打铁打钢打江山"。

岑春煊感慨道："大灾必有妖人出，这是历史验证的真理。东汉末年的张角兄弟、元末的红巾军，以及本朝的洪秀全、白莲教……无不是以旁门左道、妖言神迹而祸乱天下。"

"这廖九妹，年不过十五六岁，少不更事，就这样稀里糊涂地上了贼船，做了匪首。她经常头戴青巾、身着月白短衫，一派观音装束，还打出'灭清、剿洋、兴汉'之旗号，设坛传教，习拳弄棒，啸聚了上万流民，一时应者云集。今年五六月，窜逆于简阳、仁寿、彭山、温江、郫县、崇州、灌县之间，奎乐峰数次进剿，屡中诡计。甚至进至近郊之龙潭寺，大有围攻成都之势。

"更为惊悚的是，9月14日夜，廖部匪众趁夜黑雨密，借竹梯翻城而入，再由南大街直奔府城中心，偷袭总督府。幸得发现及时，未有大的损失，但人心惶惶，影响极坏。"

"是啊，太后大为震怒，才有学生此次蜀中之行啊。"

至于整治拳匪之乱的政治和军事策略，无非就是"剿"与"抚"二字，在这一观念上，赵、岑师生之间并无分歧，但在"剿抚"还是"抚剿"上，却又有不同看法。

赵藩分析了奎俊的失败，认为是"一味主剿""以剿为抚""有剿无抚"的原因。岑春煊认为乱世用重典是必需的，但一定要切断拳匪赖以生存的土壤，实施连坐之法的霹雳手段。

光绪二十八年十月二十日，成都四门和成都县、华阳县以及周边各场镇都张贴了一份告示，颁布总督部堂岑春煊的命令：

> 照得匪拳首要，罪不容诛，断难任逃法网。而被胁入伙之人，略迹原心，实堪悯恻。现拟就简明告示，许胁从者改过自新，解散回家，各安生业，即是良民，不准追论前事。

令出如山，保甲连坐制在全川施行。法令规定：若一人参加拳匪，其阖族比邻一并连坐；团练捕治不力，地方不靖，首领革职，褫夺功名；暗济拳匪军火钱米者，按通贼正法，籍没家产；捕杀拳匪按人头给赏银、加官等。

就在岑春煊刚进入成都的九月二十八日，北门昭觉寺斩杀拳匪一百多人。有了银钱和官爵的刺激，各地绿营、团练、乡勇纷纷卖命，甚至滥杀充数，以致许多无辜百姓死于非命。

1903年1月，廖观音在简阳镇子场被抓获，押解至成都。岑春煊奏请朝廷："该女匪名震一时，若获而不诛，恐未靖之人心复因而蠢动，凡恐外人藉口，当饬正法。"

光绪二十八年腊月十七，下莲池刑场，红灯教首领廖观音被斩杀，这次四川的以崭新的"灭清剿洋兴汉"为口号的轰轰烈烈的义和团运动就被镇压下去了，义和团也由盛到衰，直至瓦解。

光绪二十九年（1903）的春节如期而至。红灯教的覆灭，让一度危如累卵的成都恢复了往日的安宁，尽管大灾的影响还未消散，但是踏春的旧俗在近郊弥漫。

这一日，岑春煊在众官员的簇拥下，来到南郊的武侯祠。只见门额上书"汉昭烈庙"四个大字，他知道这是蜀汉赵烈皇帝刘备和丞相诸葛亮的合祠。

走进大门，浓荫丛中，矗立着六通石碑，在四川学政方旭的引领下，岑春煊来到东侧碑廊一块唐碑近前，这就是武侯祠的"镇祠之宝"三绝碑——唐代"蜀汉丞相诸葛武侯祠堂碑"。

二门之后是刘备殿，又名昭烈庙。刘备殿后，即是诸葛亮殿。这是岑春煊此次踏访的重点，他一边看着千年来文人的题刻，一边领首称许。看完"名垂宇宙"的匾额，他的目光落到廊柱的楹联上：

能攻心，则反侧自消，从古知兵非好战；
不审势，即宽严皆误，后来治蜀要深思。

上款为"光绪二十八年冬十一月上旬之吉"，下款为"权四川盐茶使者剑川赵藩敬撰"。看罢，岑春煊大好的心情似乎是起了一层冬霜，想起赵藩与自己在对待拳乱问题上起的是"剿抚"还是"抚剿"的争执，这也就罢了，如今又以此种闹得满城风雨的笔谏方式公开挑战自己的权威，不禁心下一怒，鼻子一哼，竟然拂袖而去，将众官员晾在当场，不知如何是好。

四川学政方旭暗暗叫苦，坏了坏了。你个赵樾村，督宪内定你为四川高等学堂总理，现在位子不保了。果然，不久，赵藩被贬到永宁道为地方官。那以后好些年间，川中教育界便流传一句话，"师道何道，试看永宁道"，意思是指责学生不敬老师。

攻心联，是成都武侯祠内的一副对联，深得游人喜爱，名扬遐迩。虽然全联表面上都在说诸葛亮的故事，但其实是在说岑春煊在对待拳乱问题上太过热衷于"严刑峻法"。这就是发生在成都东山的这场战事与著名的"攻心联"之间的关系。

共和国剿匪第一枪

距龙潭寺两公里处的院山寺旁，有一座烈士陵园。陵园坐北朝南，占地0.52亩。进门左侧正中矗立"殉国烈士纪念碑"。碑身西南面书有"革命烈士永垂不朽"的隶书红色大字，碑身右侧刻有中国人民解放军殉国烈士英名，他们是：

朱向离　李尚全　韩会昌　杨茹青　苗大水　杨孝德　郭元禄
尚学礼　何自美　李克秀　孙自友　李全文　译家绪　陕武兴
李等金　张卓民　冯贵芸　耿祥亮　李英

1949年12月27日成都和平解放，12月30日举行了成都和平解放入城式。1950年2月5日，隐藏的国民党胡宗南残匪，勾结以龙潭寺为主的东山五场反动势力，趁成都刚刚解放，基层人民政权尚未建立，人民群众对党的政策缺乏了解之机，妄图建立反革命据点，在龙潭寺发动了震惊全川的反革命武装暴乱。

1950年2月6日，中国人民解放军在龙潭寺打响了川西剿匪第一枪，也拉开了全国清匪反霸的序幕。

1950年2月初，二野第六十军一七八师政治部主任朱向离，率部在新都县石板滩改编国民党起义部队。

2月3日，朱向离准备回北京，去某国担任我国驻外使馆的武官。

他将石板滩的工作移交给了第一七九师第五三六团政委郭铁同志。

2月5日，为了确保朱向离主任在返回成都途中的安全，郭铁特意挑选了一名曾获得过战斗英雄称号的赵副排长带领一个加强班执行护送任务。

回成都要路过龙潭寺。上午10时许，朱向离一行来到龙潭寺后一条小河的小石桥旁。桥侧路边的小丘山有座碉堡，他们刚走近小石桥桥头，突然一阵密集的枪弹从那座碉堡射出，一名战士肩膀被击中。

"散开！"

赵副排长大喊一声，同时，一把将朱向离按倒在旁边的一块麦地里。

赵副排长抬头观察四周情况，看见碉堡旁有几个人影晃过，似乎像当地老百姓的穿着，于是大声喊道：

"老乡，不要开枪，我们是中国人民解放军，路过这里的。"

碉堡里的人却并不买账，不时打出几发冷枪，为了朱向离主任的安全，赵副排长抬起冲锋枪准备反击。

朱向离一把抓住他的手说："不能鲁莽行事。这些人好像都是当地的老百姓，在没弄清情况前就开枪，会让我们今后的工作变得被动。还是先派一个同志过去，主动和他们联系一下，看看情况再说。"

朱向离主任的通讯员第一个被派了出去。他径直跑上了小石桥，可惜话音未落，一颗罪恶的子弹忽然从荒丘上射了出来，通讯员牺牲了。接着，副班长刚走到小石桥中间，也被一排子弹打中，一头从小石桥上栽了下去。

就在这时，桥对面的小丘后面、小河边的竹林里、坟包后、田埂下呐喊四起，四周数十个村子，方圆几十里，有上万人冒了出来，冲向朱向离一行，把他们死死地包围在中间。枪声、鸟铳声、喊杀声如开锅一般，乱成了一片。密集的枪弹，压得朱向离他们抬不起头来。

情况万分危急，赵副排长意识到他们遇到了土匪，他更明白自己所肩负的保护朱向离主任安全的重任。

"打！"随着他斩钉截铁的一声令下，全班集中所有火力，一齐向桥对面的小丘射去。他想努力从前面打开一条通路，掩护朱向离主任强行从小石桥上突围出去。

可惜，为时已晚。尽管朱向离把全班分成两组，互相掩护，交替往小石桥桥头靠近。可是，任凭他们怎么左冲右突，都无法接近眼前的那座小石桥。

恶战进行到下午3时左右，全班的子弹几乎打光了。十九名同志，除卫生员成功突围外，已牺牲九名、重伤两名，朱向离主任自己先后三处负伤。

终于在拼死抵抗、子弹打光之后，朱向离主任和六名战士，全被土匪抓了起来。

此时，天空中飘起了蒙蒙细雨，空气中透着阵阵春寒。朱向离等七名同志被土匪用绳子五花大绑，连成一串，押到了小石桥附近的一个水塘旁边。

一个头目模样的人出现了，他就是隐藏在这里的匪首巫杰，自称是"川西人民反共救国游击纵队龙潭寺支队司令"。此人原系国民党军队中旧军人出身，曾在孙连仲部下当过一段时间的旅长。后因暗杀一个参座未遂，连夜出逃，回到了老家龙潭寺。

成都解放后，巫杰趁我党在农村的工作还没有展开，利用他父亲在龙潭寺一带的势力，以龙潭寺为中心，勾结附近二十二个乡寨的流匪，网罗了国民党的溃散部队，以图顽抗。并在龙潭寺周边杀害成都军管会派到那里征粮的解放军工作队，袭击路经此地的解放军战士。

此时，在成都市北较场人民解放军第十八兵团司令部值班室里，突然跌跌撞撞地闯进来一个脸上和身上满是血污的战士，他上气不接下气地向值班参谋杨弘报告说，师政治部主任朱向离和一个加强班的同志被暴乱分子袭击。

杨弘大吃一惊，望着这个满身血污、双眼噙满了泪水的战士，心中顿时紧张起来。

前天，一七九师五三六团政委郭铁去龙潭寺时，就觉察出那一带情况异常，所以，朱向离主任这次回成都，他特地建议派一个加强班做警卫，但却无论如何都没想到事情来得这么突然、这么严重。

容不得杨弘再多想，他立即带领着战士，来到兵团司令员周士第的办公室，让卫生员当面向周士第司令员汇报。

周士第认真听完卫生员的报告，脸上一下变得凝重了。他又详细询问了当时的情况。随后，叫来了王新亭副司令员。

兵团司令部果断决定派出川西军区参谋长邓仕俊，带领驻成都市内的五四〇团及一个警卫连火速赶往龙潭寺，解救朱向离主任及全体警卫人员。

邓仕俊率救援部队当晚7点整从成都出发，经过近两个小时的急行军，晚上8点半左右到达距龙潭寺十几里远的一个山坡上。站在这里，能够远远看到龙潭寺漫山遍野的火把，同时还隐隐约约可以听到鼎沸的人声和各种嘈杂的枪声。

他当即命令部队停止前进，原地待命，抽出一个侦察排前去侦察情况。可是一个小时、两个小时过去了，侦察排竟然音信全无，直到深夜，也没有一个人回来。

邓仕俊参谋长又叫来一个副连长，要他再带一个排到前面去侦察情况，副连长走后大约半小时，传来一阵激烈的枪声。侦察排依然有去无回。

眼看天快大亮，邓仕俊心急如焚，他不知道朱向离主任及全体护送人员情况究竟怎么样了。

情急之下，邓仕俊决定强行向前推进，力争突围到龙潭寺里面去，尽快找到朱向离及里面所有被围困的同志。

但是刚到达龙潭寺北侧一里多地的地方，战士就遭到了土匪的袭击，陷入了弹雨之中，机枪射手分不清对方火力点的位置，全营无法向前推进。

邓参谋长只得命令全团用六〇炮集中轰击，炮弹在匪群中炸开了花，周围的暴徒开始溃退，四周层层叠叠的火把和涌动的人头，顷刻间全都像潮水一般散去了。

邓仕俊一挥手，带着全部救援部队往龙潭寺外围压了过去。等部队抵近龙潭寺时，呈现在邓仕俊眼前的，除了第一次派出的那两个排几个战士的尸体外，土包上、田埂边到处都是被我方炮弹和枪弹击中的暴徒。

邓仕俊没有命令部队继续追击，他进了龙潭寺，很快与部队一起找到了龙潭寺北侧的那座小桥头，找到了一七八师政治部主任朱向离和十多名警卫人员当初被土匪围困的地点。

可是，整个部队寻遍整个龙潭寺和寺周围每一道沟沟坎坎、每一片竹林，却找不到一点点朱向离他们的踪迹。直到九天后，他们才弄清楚，早在救援部队到达龙潭寺之前，朱向离主任及其六名被俘的警卫人员就被土匪杀害了。所有牺牲战士的尸体被肢解后，被埋在小桥前麦地的一个泥塘里面。

部队从泥塘里把遗体挖出来，简直令人不忍目睹：一个不足三米见方、两米多深的泥塘里，朱向离主任和十七名护送人员被残忍地杀害了。朱向离主任身负二十四处枪伤，英勇牺牲，时年三十八岁。

"2月5日，在成都西南龙潭寺地区近万土匪暴乱，杀害我一七八师政治部主任朱向离及闻讯前往增援部队五十多名干部战士……成渝、渝黔等重要公路，渝泸等水路都被土匪掐断。"这起发生在龙潭寺的血案，由西南局上报到中央，引起了中央的高度重视。

龙潭寺惨案发生后，西南军区向中央发了一份急电。1950年3月16日，中共中央、中央军委因此向全国发布了关于《剿灭土匪，建立革命新秩序》的指示，同时，中央又发出了《关于镇压反革命活动的指示》，要求各级政府立即对各类反革命分子进行清查和镇压。

剿匪第一枪从龙潭寺打响了。自此，一场空前的、长达三年多的剿匪斗争，在全国各地如火如荼地展开了。这一段历史，后来在成都作家凸凹2014年出版的小说《甑子场》中也有呈现。

平息了反革命暴乱后，朱向离烈士的遗体被安葬在成都军区总医院后山坡上，其他烈士安葬在牺牲的院山坡边。朱向离烈士墓于1978

年在徐向前元帅的亲自过问下，由成都军区修成水泥墓地。

　　1969年1月，在龙潭乡修建了院山坡烈士陵园，安葬除朱向离烈士外的十八位烈士遗骨。1989年修建院山坡殉国烈士纪念碑，以缅怀先烈。2000年，成华区将朱向离烈士遗骨迁移到院山坡，于3月27日修建现在的院山坡烈士陵园。2001年3月29日命名为成华区爱国主义教育基地。

龙潭寺来了"焦裕禄"

1990年11月下旬的一天，天色渐晚，路灯次第点亮。

离成都约十公里的龙潭寺火车站，突然被漫天雪花笼罩，霎时成了一派银白的世界。呜呜呜，一列闷罐列车由远而近驶近站台，成百上千衣着破烂的人从四面八方蜂拥而上，不顾一切地迎着车头冲去。

奇怪！这是咋回事？地处南方的龙潭寺，初冬时节小雪都十分罕见，更遑论漫天大雪。而这众多衣衫褴褛者从何而来，又意欲何为？究竟发生了什么事情呢？

龙潭寺：选作电影外景拍摄地

1990年，位于成都的峨眉电影制片厂争取到一个主旋律电影的拍摄项目，那就是电影《焦裕禄》，时任峨影厂副厂长的王冀邢担纲这部电影的导演。

20世纪90年代，中国电影事业处于低谷期。投资严重不足，票房预期不明，王冀邢冒着巨大的风险，顶着众多的质疑，要求上马这个项目。其中的质疑，就是"花一百多万拍出来给谁看"。对此，王冀邢提出要把拍摄成本控制在一百万以内。放在今天来看，这就是小成本制作。上级批了五十万元的拍摄专款。

　　《焦裕禄》正式开机，是1990年国庆前夕。从那一天开始到12月18日双片送审通过，实际拍摄时间仅为四十五天。四十五天的时间里，摄制组的足迹横跨河南、陕西、四川、甘肃四省，转战兰考、开封、榆林、龙潭、天水等地。

　　为什么选择龙潭寺作为电影外景拍摄地之一呢？

　　笔者专门电话采访到了王冀邢导演。王导说，电影《焦裕禄》中，群众逃难一场戏分为两部分拍摄：候车室和车站广场是在兰考火车站拍的，而月台上抢挤火车是在龙潭寺火车站拍的。

　　龙潭寺火车站是成渝铁路线上一个普通的四等货运站。成渝铁路原为清末川汉铁路的一部分，也就是这条铁路点燃了一个王朝覆灭的导火索。民国期间，因战乱等缘故，铁路始终没有修建完成。中华人民共和国建立后，仅花了两年的时间，便全线贯通。1952年7月1日，龙潭寺火车站也正式开通使用。它隶属成都铁路局成都北车站管辖，承接办理客运和整车零担等货运业务。按照当时设立四等站的标准，龙潭寺火车站日均上下车及换乘旅客不足两千人，日均装卸车在五十辆以下。

　　兰考火车站是电影故事的发生地，为何不全部在兰考拍摄完成呢？王冀邢解释道，因为兰考火车站地处陇海铁路线，是重要的县级站点，运输相对繁忙，因而月台上无法完成全部拍摄任务。据笔者推测，之所以选择在这里拍摄，无非两个原因：一是龙潭寺火车站距离成都站仅十公里，可以不远涉外地，从而降低成本；二是四等站业务量小，可以有宽裕的场地和时间进行拍摄。

　　今年春天，笔者特地到龙潭寺踏访了一番。

从龙潭寺山门出发，往东南方向步行不到一公里，有一个门牌号——龙潭寺东路335号，这便是龙潭寺火车站。抬眼望去，车站面积不大，露天堆放着钢材、水泥等各种货物。大吨位的载重车进进出出，将这里卸下的货物运走。

真没想到，龙潭寺这么一个小小的四等站在20世纪90年代初，竟然与《焦裕禄》这部轰动一时的电影有过这么一次刻骨铭心的偶遇。

回首看：群众演员多来自龙潭乡

《焦裕禄》在龙潭寺火车站拍过一场灾民挤火车的戏。那成百上千的群众演员从何而来呢？

据王冀邢介绍，群众演员的组织得到了当时龙潭乡政府的大力支持，拍摄地周边的院山、同乐、同仁、威灵、向龙、秀水、院东等数个村的村民经过形象选拔，兴高采烈地参与了拍摄工作。

当天下午，摄制组按分工一一忙碌起来。

化妆师逐一给主要演员着妆定形；服装师把乡下四处买来的破衣烂袄发给扮演灾民的群众；道具组清出各种讨饭家伙什交到灾民手中；照明组拉着蛇样的电缆东弯西拐；副导演忙着安排一批又一批参加拍摄的群众，让他们按乡、村坐下；现场总指挥制片主任提着话筒东奔西跑，检查进度，协调关系……全部工作于下午4点准备完毕，导演站到摄影机旁，等太阳落下后开拍。①

---

① 参见廖小西撰写的《〈焦裕禄〉拍摄采访记》。

　　薄暮冥冥之际，只听得一声"开拍"，一种叫"米波罗"的轻质泡沫在鼓风机的作用下，飞向天空化作飘扬的雪花，于是本章开篇的场景出现了。来自龙潭寺各村组的村民，扛着烂棉絮，提着讨饭篮，端着讨饭碗，拄着讨饭棒，按照事先交代的情节，出现在时远时近的镜头中。

　　镜头下，焦裕禄看着外出逃荒的灾民，心情沉重地对县委委员说："这些灾民都是我们的父老兄弟和骨肉乡亲。大雪天，他们拉家带口、背井离乡，心里啥滋味？

　　"我们没能领导他们战胜灾荒，却让他们端着讨饭碗去四处流浪，我们还不感到羞耻和痛心吗？"

　　这场戏中，龙潭寺群众演员的表现得到了导演王冀邢的赞赏，他说，当地政府组织有力，很好地完成了拍摄任务。

　　然而，好事多磨。

　　在《焦裕禄》的初审会上，一种要害意见差点儿让在龙潭寺拍摄的这段被删掉。一位同志认为：影片里群众在大雪中逃荒的一场戏不好，中国台湾正在收集这方面的材料，不能授人以柄，要删掉。幸好，电影局审定认为，这是一部难得的好电影，因此这一段戏得以保留。此片被评价为"精神原子弹"，形成了"全国争说焦裕禄"的热潮。当年发行拷贝567个。1991年11月18日，峨眉电影制片厂摄制的《焦裕禄》获电影"金鸡百花"奖的最佳故事片大奖。①

　　时间已经过去二十多年，至今，由饰演焦裕禄的演员李雪健演唱

---

① 参见何平平撰写的《〈焦裕禄〉是怎样搬上银屏的》。

的主题曲《大实话》那沙哑的原声依旧在耳畔回响：

　　墙上哎画虎哎不咬人哎，
　　砂锅哎和面哎顶不了盆哎。
　　侄儿总不如亲生子哎，
　　共产党是咱的贴心人。

　　天上哎下雨哎地上流哎，
　　瞎子哎点灯哎白费油哎。
　　千金难买老来瘦哎，
　　共产党是咱的好领头。

　　2009年，习近平专程赶赴焦裕禄纪念馆，向焦裕禄陵墓敬献花篮。焦裕禄作为"县委书记的榜样"，是"亿万人心中一座永不磨灭的丰碑"，其精神是我们民族的精华。

　　龙潭寺与"焦裕禄"有这样一种情缘，在我看来，这是成华区龙潭街道历史和人文史册上不可多得的一个亮点。这段历史值得我们永远铭记，铭记住焦裕禄身上所体现的"亲民爱民、艰苦奋斗、科学求实、迎难而上、无私奉献"的公仆精神。

物产技艺誉东山

客家美食姜汁鸡

在成都的餐馆中，经常有一道叫"热窝儿鸡"的菜，其实这道菜并不是地道的川菜，而是改良自一道客家菜——姜汁鸡。龙潭寺是东山客家最为集中的地区，也是各种包括美食在内的风俗的集中展示地。笔者每次到龙潭寺采风都会点的一道菜，就是这道姜汁鸡。那这道菜有何渊源，请听笔者慢慢道来。

战火，催生僻居山林客家人

迅速逃离，越远越好，这是老廖一家最强烈的想法。

身后的城池火光熊熊，映照天际。蒙古人的弯刀咧开了嗜血大嘴，肆虐了大半个中国。可怖的上帝之鞭，啪啪作响，驱赶着中原士民像羊群一样向南逃亡。

一路南来的官道上，老廖见到到处都是散落的巾冠与靴袜。无论贵贱，在逃亡的意识上，大家的观念是完全一致的——君子不处危地，高富帅、官二代的脖子也硬不起来了。老廖知道，走在这条道上的，他不是第一人，也不是最后一人。和历史上的数次大迁徙一样，这一次也被称之为"衣冠南渡"。

发动战争与规避战火，其实都可以用经济学的眼光去打量。怎么打量呢？就看其"价值"的大小，也就是咱老百姓说的——这事儿值不值当。

"市列珠玑，户盈罗绮"，"三秋桂子，十里荷花"，像临安这样的繁华之都、江浙这些富庶之乡，当然是掠夺者的觊觎之地，是战争意义上的高价值目标，战火自然会像石磙一样，反复碾压。

相反，山高林密的村寨所受荼毒的机会就会大大减少。老廖和他的街坊邻居，聚族逃到了南方偏远的闽粤山区，安居下来。为了与苗、瑶、侗等当地土著民族相区别，千年以来，这里的中原汉人有了一个共同的名字——客家人。

按照马斯洛理论，人最基础的是生存需求，然后才谈得上归属与发展。人没有了生命之虞，接下来的就是考虑最现实的问题——活下去。

◀ 姜汁鸡　刘小葵摄
2016.5

在南部山区，虽然没有了临安城中的锦衣玉食，苦是苦了点，但粗食短褐还是可以通过双手获得的。穿，没有狐裘锦衾没关系，树叶、兽皮能保暖遮体就好。吃，没有山珍海味也没问题，苞谷能填饱肚子也行。唯一不能缺少的是一样东西，那就是——盐。

曾经体味过饥饿之苦的苏东坡曾说："岂是闻韶忘解味，尔来三月食无盐。"

盐，不仅是重要的调味品，也是人体不可缺少的物质。按照现代科学研究表明，人摄入盐分过少，会造成体内含钠量过低，从而导致食欲不振、四肢无力、头晕目眩、恶心呕吐等症状。人们据此总结出一句话——三天不吃盐，浑身打颤颤。

远离战火，人命是保住了，但密林深锁，山峦险峻，溪流阻隔，远离城镇集市，获取食盐也是千难万难。没有盐是万万不行的。怎么办？

活人不能被尿憋死，不死总能想出法子。

缺盐，催生山地民族酸代盐

江南士人原本是不食酸味的。这在北宋庄季裕的《鸡肋编》中有相应记载："江南闽中公私酝酿，皆红麹酒，至秋尽食红糟，蔬菜鱼肉，率以拌和，更不食醋。"

但形势比人强，不变通只有死路一条。什么味能替代"盐"呢？

出身大家世族的老廖博览群书，《黄帝内经》上有一条记载让他知道此去早有先例可循。《黄帝内经》大意是这么说的：

东方渔民吃得咸，西方百姓吃得腻，

北方牧民爱吃奶，南方百姓喜食酸。

秀才不出门，能知天下事。老廖早就把南方的习俗了解得一清二楚，大迁徙之前，老廖将大部分金银细软换作一种山区稀缺品——盐，这还让家人和邻居很是不解。他告诉大家说："我们要去的地方，身处南方深山峻岭之中，山路崎岖，交通不便，严重缺盐，食盐价格贵，有'担米斤盐'之说。"当地高山峻岭，涧深水冷，洞多林深，瘴气弥漫，瘟疫肆虐，为了御寒驱邪，强身健体，当地的苗瑶、濮越、荆楚、闽粤等山地部族，只好以酸代盐，久而久之，就养成了喝烈酒、吃酸菜的饮食习俗。直到现在，山里的居民仍然一年四季离不开酸食，甚至到了"三天不吃酸，走路打窜窜"的地步。

以酸代盐，究竟有多大的效果？笔者举一个后世的极端例子，说是康熙年间清军征苗，除武力征讨外，还将盐作为战略物资，予以禁绝，严令不得资敌。于是苗人多患水肿病，没想到，苗人大量泡制酸菜予以应对，人们吃后，水肿全消，恢复战力。

再说老廖一家辗转迁徙，一路上也遭遇到劫道，但凭着有"盐"这样的硬通货，居然安全抵达南方的山岭之间，躲避战火。

"旧时王谢堂前燕，飞入寻常百姓家。"和乌衣巷的老街坊一样，老廖一家已经失去了往昔的荣华富贵，只得老老实实地从平民做起，随时做好东山再起的准备。他们拿出一部分盐，换作了坛坛罐罐，向当地土著学习制作酸鱼、酸肉、酸菜及其他酸性食品。

白手起家的奋斗，经年累月的积淀，数年后，客家人老廖家的庭前屋后满是酸坛，又迎来了众人艳羡的目光。

有人说，某人浑身绑满钞票也不是富翁，多了几口瓦罐，就富啦？

要知道，在当地有"看酸坛，知贫富""瓦罐腌肉鲤，嘉宾宴上珍"的谚语，只要看一看哪家庭院酸坛排列整齐，就知道其家庭的贫富。

创新，诞生客家美食姜汁鸡

2016年，笔者和朋友们到熊猫体育场附近的一农家乐午餐，席间有一道菜——姜汁鸡。

老板告诉我们，这是地道的客家美食，也是他的农家乐里的招牌菜。

只见此菜白瓷装盘，微黄的鸡块，浸泡在浓浓的汤汁中。夹一块放嘴里，轻轻一嚼，微微有点酸味，与传统的川菜尚辛香、重刺激的麻辣味大相径庭。

据介绍，客家传统餐聚中的高档宴席会摆上八大碗。八大碗包括淡甫肘、水龙丸、姜汁鸡、烧大块、笑包、炖肚肺、冰糖莲、生焖鱼。姜汁鸡就是其中的高档菜肴之一。

上面讲了以酸代盐，下面讲讲以姜入菜。客家菜中的"姜汁味"。

将姜块拍松，用清水泡一定的时间，一般还须加入葱和适量的黄酒同泡，就成所需的姜汁了。为什么要加入姜汁呢？这也与客家人原来的生活环境有关——山高林密，湿重寒深。食料中加入姜汁，一能去腥增香，添加食用的口感，二还可增进血行，驱散寒邪，起到防病治病之效，既是美食又是药膳，自然传之后世成为风俗。

据介绍，四川的客家人，每逢年节时都会在家里制作姜汁鸡。先把宰杀治净的仔鸡放到温水锅里，煮熟后再捞出来斩成块，直接浇上姜汁水便好。这道客家美食鸡肉鲜嫩多汁、姜味浓郁。在廖成发的记忆里，传统的姜汁鸡就是一道难得的美味。

在成都的餐馆中，经常有一道叫"热窝儿鸡"的川菜，与姜汁鸡的做法类似。这是客家美食姜汁鸡入川以后的改良版。为了适应四川尚辛香、重刺激的麻辣口味，在原来的姜汁鸡的食材中，加入了辣椒、花椒等川菜常见配料，因而此菜色泽红亮、鸡肉细嫩，在姜、醋味之外，还略有麻辣鲜香的口味。

一种佐料的选用，是一个族群曾经生活环境的艰辛与奋勇抗争的缩影。一道菜的传承，反映出一个族群在地理大迁徙中，永不磨灭的精神皈依。从姜汁鸡到热窝儿鸡，有传承，有坚守，也有继往开来的创新。只有知道我们从哪里来，才能明白我们将走向何方。

时令食品鸟米粿

2018年3月21日，农历戊戌春分。成华区龙潭桂林社区举办了"相约客家，幸福桂林"——桂林社区客家"鸟米粿节"。活动现场人头攒动，融汇了客家童谣、川剧变脸吐火、抖空竹、客家颂、少儿街舞等表演，还有志愿者制作的客家传统美食"鸟米粿"。

听桂林社区的居民讲，现已八十多岁的陈家阿婆年轻的时候，在二十四节气之一雨水后的清晨，总是早早地背上背篓，来到房前屋后的田间地头，去采摘经春雨滋润后的清明草嫩芽，挂在叶尖的露水都还没散去，阿婆背篓中那阵阵清香的草香味早已飘满了山坡。

采集回来的清明草会被阿婆仔细去除黄叶和老茎，经过仔细的清洗，切成寸段，下锅用开水焯去涩水，稍凉后，挤掉大部分水分，与糯米粉和面粉均匀搅拌，再倒进"托盖子"里，加适量的水和白砂糖，经过反复揉搓，直到清明草和米粉完全融合，变成碧绿色。之后将面团分成鸭蛋般大小，搓成窝团，包上适量的馅料，搓合成椭圆形，再包裹上一片洗净的玉米衣，最后大火蒸熟即可。

这就是客家人口中的"鸟米粿"。

客家人几乎家家都会做鸟米粿。搓好的鸟米粿用洗干净的玉米衣包好，依次放入蒸笼里排列好。排列好的鸟米粿穿了一层黄黄的衣子，像一只只待飞的小鸟，这大概就是"鸟米粿"叫法的由来吧。正如字面所意"鸟儿的迁徙，也不曾忘却粮食和果实"。

◀ 左/制作鸟米粿　刘小葵摄
　　2018.3.21
▼ 下/（左）制作好的鸟米粿
　　刘小葵摄　2018.3.21
▼ 下/（右）蒸熟的鸟米粿
　　刘小葵摄　2018.3.21

　　大火蒸熟后，剥开外衣，就是翠绿翠绿、清香四溢的"鸟米粿"了。鸟米粿清香独特，深受当地人的喜欢，尤其是小孩与老人，在制作与分享鸟米粿的场合常常能体现客家家庭的和谐与关爱。

　　至于馅，可以根据自己的喜好，甜、咸皆可。但龙潭寺客家人最常见的做法还是用腊肉切成粒，加入盐菜、蒜苗等炒成半熟，等冷却后就可以包了。之所以用腊肉，据他们说是因为腊肉开春后就不好吃了，影响口感，把它做成馅，就可解决这一难题。这也是客家人艰苦朴素、勤俭持家美德的一种体现。

　　陈丽是桂林社区的居民，大人制作鸟米粿的时候，儿时的她总跟在厨房灶间。浓郁的清香混合着浑厚的咸菜香，并夹杂着腊肉的肉香，一直从厨房飘到堂屋，整个院子也都弥漫着清香味。她说，出锅之时，自己总是第一个吃到。一口咬下，咸香在唇齿间翻滚，热气不停地从馅料中冒出，顿时满嘴是油。阿婆一边烧着柴灶，一边望着她那狼吞虎咽的样子，总是笑得合不拢嘴。

　　做鸟米粿虽然成本低，但费心思、费时间，制作之前，家人往往想好了要送哪些朋友亲戚，所以一送至少一两家，有的多至做几大锅拿去派送，分送到鸟米粿的人家往往会很开心。邻里亲朋通过互赠鸟米粿，增进了彼此之间的感情，大家也以这样的一种民间习俗迎接春天的到来，祝福新一年的开始。

　　粿最初是作为祭祀时的供品出现的。羊贵跪乳之孝，鸟有反哺之恩，清明期间扫墓拜祖宗，既有对逝去亲人的思念，也有虔诚恳求保佑、承前启后的夙愿。客家人历来都极其重视时年八节的祭神拜祖，粿往往被当作仅次于"三牲"的祭神拜祖的必备祭品。

　　经过历史长河的演变，客家人在全国各地生根发芽，各地对米粿的做法和叫法都发生了变化，不仅使用清明草，还会使用艾叶。"糯米艾叶细细磨，什锦馅儿粉面搓，浑似汤圆不用煮，清明共吃艾馍馍。"这是古代做艾馍馍的民谣。现在四川著名的小吃"叶儿粑""猪儿粑"都是由此改良而成。

　　鸟米粿，其实是客家人对一种清明食品独特的发音和叫法。很多外来人士不太清楚，而当地客家人一听就明白。"粿"，是广东潮汕、福建、海南、台湾等地区的传统小食，本是指用籼米、粳米磨成粉制成的食品，后为糕点、点心的统称。原来客家人口中的"粿"就是我们平时说的"粑粑"。

龙潭特产二荆条

四川人喜欢吃辣椒，是全国闻名的。而四川人最爱吃的又是东郊龙潭地区出产的辣椒。据《华阳县志》载，龙潭地区栽种的辣椒，"味辣，色红。县人嗜之，每食必需"。可见人们对龙潭辣椒的喜爱到了何等程度，也说明龙潭寺辣椒很早以前就大有名气了。

鲜红的二荆条

成都有条街，叫"椒子街"。一说是宋代制造与发行纸币"交子"的地方。还有一种说法，这条街距东门大桥的水码头很近，长期都是商贸货运聚集地，龙潭寺等地出产的辣椒经常在此转运各地，所以叫"椒子街"。上述说法均缺乏坚实的证据，但可以从侧面说明的是，东门外龙潭寺一带的辣椒种植有一定历史了。

明《草花谱》记载，这种外国传来的草花，名叫"番椒"。直到清嘉庆年间，四川县志始见栽种辣椒的记载。因辣椒不是从陆路而是从海道传入中国的，四川人也把辣椒叫"海椒"。

龙潭寺辣椒品种以"二金条"为代表，有人又把二金条称为"二荆条"，认为这种辣椒是"湖广填四川"时从荆州带来的，故名"二荆条"。看见鲜红的二荆条辣椒时，你会听到"妮革街椒豪多前益斤"，即"你的辣椒好多钱一斤"。

　　关于龙潭寺二荆条的来历，民间还有一个传说。

　　话说华阳东山龙潭寺住着一个篾匠，他编的荆条筐器型简洁，扎实耐用，他能用两根荆条编一器具，就绝不用三根。于是得一绰号"二荆条"。

　　一天，二荆条在采集荆条过程中，发现一株植物，长有长条青绿果实。

　　二荆条从未见过，心生好奇，勇敢地当了回第一个吃螃蟹的人。哪知一嚼，浓烈的辣味让他步履蹒跚、天旋地转。神情恍惚间，出现一位白发老人。老人说，这是辣椒，吃了能开胃去湿，对人好处多得很，烧熟了合着饭吃，保管你能多吃几碗饭。

　　二荆条将果实带回家一试，果真胃口大开，比平时多吃了几个苞谷馍馍。第二天一早，二荆条想找到山大爷，问清楚辣椒的种植方法，想让更多的穷人吃到辣椒。

　　七天后，山大爷出现了，并告诉二荆条，他是为诸葛丞相守了三百年辣椒的人，辣椒散寒除湿、开胃健脾，是当时的一种战备物资。

　　他说，丞相托梦说这东山一带适合辣椒种植。山大爷说罢，交给二荆条一些辣椒种子，哈哈笑着消失不见了。此后，此种辣椒很快成为东山一带人们餐桌上的美味佳肴，并逐渐向周边地区传播开去。

　　后来，有个财主名叫牛辣子，看上了种辣椒这个发财的机会，就从二荆条那里骗得种子，结果却种不出辣椒。牛辣子气急败坏地派人把二荆条的辣椒毁了。二荆条为保护辣椒，被打破了头，血溅辣椒地。二荆条的鲜血溅到辣椒上，青绿色的辣椒顿时变成鲜红鲜红的红辣椒。

后来，龙潭寺二荆条的地里长出的辣椒，总比附近其他地里的辣椒好，成都府的官员就把它作为贡品，献给皇帝食用。人们为纪念二荆条，就把这种色艳、肉厚、辣中带香的辣椒叫作"二荆条"。

四川美食必备佐料

龙潭寺产的二荆条堪称中国辣椒中品位最高的辣椒品种，无论色泽、肉头、形状，均属上乘佳品。

据胡廉泉著的《细说川菜》记载：

有一年，成都市科委把龙潭寺产的二荆条辣椒与其他地方的"大红袍"辣椒进行烹饪效果对比实验。实验的办法是，无论是蒸菜、烧菜、炒菜、拌菜，每种菜均做两份，分别用二荆条和大红袍做调味品。专家品尝后，其结论惊人的一致，凡专家们认为味美的菜肴，均是二荆条作调味品。

据向东著《路边的川菜史》记载：说"辣"，麻婆豆腐必用成都龙潭寺二荆条辣椒，炒香舂细，才得香辣醇浓，荡气回肠。辣椒面选二荆条，香辣不烧心。而洞子口著名的张凉粉，其调料中的辣椒一定要用龙潭寺的二荆条，并要亲自加工。

讲个小故事。抗战时期，日本飞机频繁空袭成都，警报一日三响，闹得人心惶惶。有人看到商机，在周边农村的疏散点卖起了"抗战快餐"。其中，生意最好的当数南大街口锅盔铺的章锅盔。这除了章锅盔为人厚道、价格公道、填料旺实外，还因为味道爽口，其中原因就是章锅盔拌料舍得用上好的窝油、保宁醋和龙潭寺二荆条。

　　四川地区广种辣椒，为何龙潭寺辣椒特别出众？原因很多，主要有以下几个方面：

　　从地理环境来看，龙潭乡位于成都市东郊浅丘陵区，地处回龙山南侧延伸部和龙泉山西北边缘的浅丘陵地带，这一地区气候温和，气温介于成都平坝区和龙泉驿区之间，年平均气温为16~17摄氏度，月平均气温比坝区约高摄氏0.5度，节令早2~5天；全年无霜期长达285天；雨量充沛，年平均降雨量为933~1000毫米；冬干、春旱、夏雨多。

　　从土质看，这一地区的土质多系二黄泥黏土，由老沉积物成都黏土母质发育而成，因此保肥保水性能好，土层深厚，养分含量丰富，适合辣椒生长。当地农民栽种辣椒的历史长，有丰富的栽培经验。从《华阳县志》的记载看，龙潭地区栽培辣椒的时间已有几百年。农民掌握和积累了一套种植辣椒的经验，先进的栽种方法逐步得到了运用、推广和普及。

　　龙潭寺二荆条辣椒，按其收摘时间，分为青椒、伏椒和秋椒，收摘比例大致为10∶6∶3。这三种辣椒，以伏天里收摘的为最好。龙潭寺辣椒主要在5~10月这段时间收摘，人们叫它"伏椒"。可以制成泡辣椒、豆瓣，也可晒成干椒，制成辣椒面。伏椒皮薄肉厚、鲜艳红亮、籽粒少，而且营养丰富。《华阳县志》把龙潭寺辣椒的特点简单归纳成"味辣，色红"显然是不够的。

　　二荆条辣椒具有皮薄、籽少、肉厚、色泽红亮、辣味适度、醇香可口、营养丰富的特点，二荆条辣椒作为鲜菜食用的，大都采收青椒。据龙潭寺当地村民介绍，在20世纪七八十年代，晒制二荆条也是一项技术活，工分也是不少的。要晒得皮亮籽晃，踩得形状扁平但不破裂，便于运输。

二荆条辣椒是正宗川菜中不可缺少的调料，龙潭寺辣椒煎出的红油（俗称"熟油海椒"或"熟油辣子"），除了味辣、气香外，还兼有芝麻味和微甜味。用龙潭辣椒炒菜或用熟油辣椒凉拌各种菜肴，调剂面食、小吃，香中有辣，辣中有香，色鲜味美。据介绍，原来郫县豆瓣、涪陵榨菜所用的辣椒，很大一部分是龙潭地区出产的。由于龙潭寺辣椒所含的海辣素、粗脂肪和其他维生素特别丰富，人们长期食用后，不仅能健胃，增进食欲，而且还能散寒、除湿，有益于身体健康。可见，人们特别喜欢吃龙潭辣椒，不是没有道理的。

据范友才《龙潭寺海椒》一文介绍：说起龙潭寺辣椒，很多人都会联想到用龙潭辣椒制作的龙潭寺豆瓣。这种豆瓣，颜色红艳，香、辣味深厚，炒菜时不"吃"油，炒出的菜味道鲜美，入口香醇。特别是炒"熬锅肉""盐煎肉"等川菜，更是别具风味。清末民初，龙潭寺街上的"市民轩"和"歇森园"两家酱园铺，用龙潭寺辣椒制作的龙潭寺豆瓣，就已销到城区"沙利文""清华轩"等大小一百多家饭馆、小吃店。在附近几十上百里的农村中，名气仅次于郫县豆瓣。但也有人把郫县豆瓣称为"坝味"，把龙潭寺豆瓣称为"山味"，并列第一。1956年公私合营时，市民轩与歇森园合并为金牛区龙潭供销社酿造厂，龙潭寺豆瓣的产量和质量又有了很大提高。

龙潭辣椒以其独特的风味和特点，深受省内外人民的喜爱，称誉为"饮食佐料的佳品"。因其质量上乘，不仅畅销成渝各地，还出口日本、新加坡、斯里兰卡、马来西亚、中东等国家和地区。在日本市场上，成都二荆条干辣椒的价格，曾一度高于其他辣椒价格的一倍以上。

据不完全统计，20世纪七八十年代，通过外贸部门出口的龙潭辣椒，共计有一百多万斤。有的年份，一年就出口七八万斤，为换取外汇、支援国家建设做出了一定贡献。

龙潭寺美食杂谈

  龙潭寺，是成都东山有名的饮食之乡，风味小吃历来有名，如李鸭子、羊肉汤、"天鹅蛋"等，皆为四方游客称道，也很有客家文化特色。同乐社区的廖育仁先生1984年曾在龙潭寺开了一家广东客家酒楼，他请画家邱笑秋写了一副对联，很有客家乡土味：

    叭叶子烟品巴蜀土味
    摆客家话温中原古音

  下面我们一起来聊聊，龙潭寺的几样传统客家美食。

腌熏卤鸭

  成都的卤鸭历史悠久，花样繁复，名店、名品众多。

  早在清代和民国时期，成都就有很多有名的店家采用烟熏卤制来加工烹饪鸭子。1915年《娱闲录》刊登方于彬的一组《成都花会竹枝词》，其中一首提到了崧记小餐馆的卤鸭，味香而价格便宜：

    小餐崧记最驰名，每馔不过二百文。
    卤鸭醉虾青果酒，不须更访海棠春。

　　著名散曲专家萧自熙在《寒鸿秋·成都小吃》中，在一大堆成都名小吃名录中提到了"胖哥卤鸭"：

　　"龙家抄手砂锅面，钟家水饺红油溅；麻婆豆腐谁家羡？胖哥卤鸭春江恋，香透蛋烘糕，冰滚汤元旋。烫麻辣怎连成串。"

　　成都许多有名的鸭店，过去都是摆摊起家的。当时，从贩子那里买了土鸭回来宰杀，卤好了到那些大饭馆旁边摆摊设点。大饭店一般不卖卤鸭，进大饭店喝酒的人见了又香又脆的鸭子，就要提半只或一只拿进店去下酒。久而久之，客人觉得这种鸭子够味，名声就传开了。这些摊位都以摊主姓氏为号，如春熙路的张鸭子、皇城坝的福兴隆王胖子鸭子、青龙场的温鸭子等。

　　龙潭寺在成都近郊，自然受到这种风气的影响。

　　在龙潭寺下街场口龙潭寺山门斜对面，有一家同乐饭店。这家的腌熏卤鸭在成都特别有名，因为老板姓李，大家都习惯叫李鸭子。其工艺程序繁复，使用天然香料就达二十多种，色泽橙黄、皮肉脆嫩，大受远近"吃货"青睐。由于名声在外，生意爆好。据说遇到过节的时候，一天光是外卖都要卖几百只。这样的美食产生，与成都这个美食之都的大环境是有关的。

　　龙潭寺腌熏卤鸭历史悠久，说是20世纪20年代初，一位叫曾广福的人在龙潭寺开了一家酒铺。主打的下酒菜，是一道名叫腌熏卤鸭的凉菜。这是曾广福亲手制作的，这卤鸭味道鲜美、色泽橙红、皮香肉嫩，有浓郁的卤汁味，闻名于成都东山五场。据年近古稀的老人回忆说："那时，曾家酒铺的卤鸭子，一天一两百只，都不够卖。"后来，曾的儿子曾昭祥接过其父衣钵，继续制作传统卤鸭。

而早年与曾家齐名的，还有龙潭上街开酒铺的李从喜，他也是熏制卤鸭的能手。龙潭寺街上早年还有一家"夫妻酒铺"，店主是廖继川夫妇。廖氏夫妇博采众家之长，深入钻研，亲自动手，杀腌熏卤，在卤锅里还要加放冰糖、醪糟、花椒、肉桂、八角、小茴、胡椒等调料。由于选料考究，加工精细，产品风味独特，具有醇香、皮脆、肉嫩、味鲜、干净等特色。

从那时起，龙潭寺的腌熏卤鸭就有口皆碑、远近闻名了。1950年，廖继川被成都军区聘作厨师，1980年退休，又被龙潭餐厅聘任腌熏卤鸭主厨。龙潭餐厅的卤鸭，旺季可月销三千只，1984年中秋节前后，每天销至三四百只。20世纪80年代初期，成都市红光商场全国名酒展销期间，廖继川所在龙潭餐厅的腌熏卤鸭，曾先后两次受邀参加展销，会期中，有的顾主接连四天都来排队购买。

龙潭寺的腌熏卤鸭，主要以本地优质土鸭——成都麻鸭为原料。有一套烦琐的制作工艺。首先是宰杀麻鸭，去除血水，用八分温水，浸湿羽毛，拔尽毛桩。再剖开肠肚，洗净后下缸腌制，用硝盐把鸭腹内外全身撒匀，每百只鸭子四至五斤盐，腌约二十分钟。然后脱离筋骨，将两翅扳移鸭背，腿排分两边，在开水里烫一下，上竿晾干。入炉以锯末为燃料，熏烤约半小时，取出金黄色亮的鸭子，洗净灰渣，晾干水汽，放入卤锅。经过熏卤的鸭子，味道鲜香可口。

著名小吃"天鹅蛋"

糖油果子是成都特有的美食，因形似天鹅蛋，所以又名"天鹅蛋"，是一种零食，也可作为主食。

糖油果子，古名焦饣追、煎堆，据传为客家先祖从中原南迁闽粤而形成的小吃。唐初有诗云："贪他油煎饣追，爱若菠萝蜜"，"煎堆碌碌，金银满屋"。清末民初有一首《羊城竹枝词》说："朱盒描金红络索，馈年呼婢送煎堆。"而清代大移民时，客家人把这种风味小吃带到了龙潭寺一带。在旧时的成都花会上，糖油果子非常受欢迎。

糖油果子和天鹅蛋，二者虽然外形相似，常被人认为是一种，但其实是有区别的，最大的不同在于天鹅蛋是有"馅"的，而糖油果子则没有。"天鹅蛋"的叫法，也是成都东山客家人的喊法，城里人则叫糖油果子。

天鹅蛋采用发酵糯米粉加油与红糖煮制而成。制作原料主要为糯米，大小如元宵。先将糯米制成粉，加水后揉成粉团，搓成直径约三厘米的圆条，再分成重约三十克的圆球，用拇指在中心按个厚薄均匀的凹形，使圆球内部呈空心状，再将其放入菜油锅中加红糖炸制成熟，直到外皮略硬且脆，周身被糖汁裹满后沥去油，最后撒上芝麻黏附其上，用竹签将四五颗穿成一串。糖油果子皮脆内软，加上外面的白芝麻，更是越嚼越香，越吃越有味道，是老少咸宜的小吃，尤为儿童所喜爱。

成都龙潭寺的糖油果子色泽金黄、香酥可口，闻名于成都东山五场。在二三十年前，常常会看到俊男靓女人手一串糖油果子，边走边吃，一路欢歌，一路笑声。传承百余年的天鹅蛋是地道的客家甜点。近百年间，老龙潭寺经营天鹅蛋的铺子有几十家，其中最出名的是龙潭寺秀水村的"陈氏天鹅蛋"，也常常在过去成都的花会与庙会上出现。据龙潭寺的林兴无介绍，20世纪80年代，他们年龄尚小，还和大人一起用竹篮装天鹅蛋，拿布盖着到城里去卖，十分畅销。

美食拉杂谈

在龙潭寺，还有许多知名菜品，一并拉杂道来。

客家酸酸鸡是一道凉菜。土鸡煮熟后剁成小块，配上调味料，加上一丁点儿白醋，再将龙潭寺特产的二荆条剁成渣撒在面上，香辣可口。

最具代表性的客家家常菜是姜汁肉。半肥瘦猪肉煮至八成熟切片，用自制泡青菜、泡辣椒、泡老姜做佐料，滚油爆炒，起锅时加入少许醋和湿淀粉，佐酒下饭皆宜。

以火神庙为中心的马兴发的烟熏卤鸭子、曾明先的椒麻鸡块、黄和隆的绿豆稀饭、刁德祥的素椒面、周瘸子的牛肉肺片、胡源凯的炒花生、赖清荣的粉蒸牛肉等更是吊人胃口。

龙潭客家的粽子为长条粽，用微火煮数小时，凉后去粽叶切块。这里要说的，这切粽也是有一番讲究的。传说不能见铁，需从粽叶中取出一丝，轻轻切成小块，然后浇上红糖汁即可食用。

与川菜的粉子肥肠不同，客家的粉子肥肠并非蒸制，而是连粉带肥肠都用油炒热，客家话称"肥肠搅红"，又叫"烤烤肥肠"。

客家饮食集大成的莫过于九大碗做成的坝坝宴了。说是九大碗，其实上桌的菜远远不止九个，少则十六道，多则二十二道，冷热均有。龙潭九大碗一般是婚丧嫁娶、寿诞祭祖等大日子才开设。少则数桌，多则上百桌。大圆桌子在屋前屋后的空坝上铺陈开，因此称之为坝坝宴。

最不能缺的还是烧酒。昔日的龙潭寺多有烧坊，甘洌的高粱酒、甘蔗酒、苕干酒度数高，入口辣，下咽烧喉，却分外带劲，越喝越有滋味，也喝出了曾经彪悍一方的民风。

裘衣手艺入选非遗名录记

　　2008年4月，五十五岁的陈朝明得知，他的手艺被选为成华区的非遗了。同年12月17日，成都市人民政府公布第二批市级非物质文化遗产名录，在这份名录中，编号为64viii-24的传统技艺，就是陈朝明从事了近三十年的裘衣制作工艺。

　　陈朝明是来自成华区龙潭街道秀水社区的居民。在成都这个历史上以出产蜀锦、蜀绣而闻名于世的南方城市，从事在北方更为多见的裘衣制作，实在是有些寂寞。

成都裘衣制作不晚于西汉

　　中国传统的制裘工艺早在商朝末期就已形成，距今有三千多年的历史。相传，比干是最早发明熟皮制裘工艺的人，人们通过硝熟动物的毛皮来制作裘皮服装或帽子等裘皮制品以御寒，并有"集腋成裘"一说。我国的北方大部分地区便一直沿用了"裘皮"这种称呼，而比干也被后人奉为"中国裘皮的鼻祖"。

　　五代花蕊夫人的《宫词一百首》里，写宫女的穿着是这样的："舞头皆著画罗衣""竞将衣袖扑蜻蜓""薄罗衫子透肌肤"。

　　《成都竹枝词》也是这样：

绸缎绫罗任意穿，栏杆镶滚又花边。

共说好看年年换，只计时新不计钱。①

似乎只有轻而薄的衣衫，才能把南方女子婀娜多姿的美展现得淋漓尽致。而处于南方的成都又确实有制作裘衣的历史和穿着裘衣的传统。其实，在浩瀚的中国文化史上，就有一件鼎鼎大名的裘衣来自成都，经常成为诗人吟咏的对象。

这件裘衣，叫作鹔鹴裘，或者鹔鹴裘。

宋朝的苏轼说："送君应典鹔鹴裘，凭仗千钟洗别愁。"金代的元好问说："相如四壁消何物，直要文君典鹔鹴。"曾国藩说："谢尚自能鸲鹆舞，相如免脱鹔鹴裘。"清人叶舒璐说："挑得琴心正倦游，垆边尚典鹔鹴裘。"有一出元杂剧还专门写了这件裘衣——《鹔鹴裘》。

大家应该看出来了，这件裘衣相传为汉司马相如所穿的裘衣。一种说法是用鹔鹴、飞鼠之皮制成。由此可知，成都地区制作裘衣的历史，至少不会晚于西汉时期。

清末民初的《锦城竹枝词》同样记录了成都人穿裘衣的情况：

额围貂勒学昭君，短短皮衫浅浅裙。

衣料尽挑新样制，梅兰竹菊兼冰纹。

成都人看见川戏《昭君和番》中昭君头上的貂皮饰物十分好看，

---

① 林孔翼：《成都竹枝词》，四川人民出版社，1986，第82页。

也就有样学样地穿戴起来。另一首竹枝词，就直接使用了裘衣制作的很多术语了：

> 皮衣大半是中毛，裀着花灰袄子羔。
> 更有一班新出样，宽裁倭缎滚长袍。

羊皮裘衣是有规矩的，视毛的长短，可以分为大毛、中毛、小毛三种，中毛即二毛。而花灰，则是指花狸鼠、灰鼠的皮毛，那可是裘衣中的高级品种。根据裘皮的原料，可宽裁、可短剪成时新的样式。

古代，能穿着裘衣的大多是达官贵族，而裘衣裁缝自然就被称作"上等师傅"，由此可见裘衣制作工艺的珍贵性。1949年以前，现成华区龙潭寺一带，分布了一些裘衣制作手工艺人自产自销、前店后厂的裘衣制作作坊。据《四川省畜牧志》记载，成都裘衣制作的原料大多来自川西高原少数民族聚居区的各种毛皮，龙潭寺双碾堡的成都皮毛厂、一心桥南街成都裘衣厂等企业的裘衣裘皮产品从事的是对外贸易，出口换汇。

而今，随着资本的进入，原来手工业的裘衣制作已经进入大工业的流水线生产。作为非遗传承人的陈朝明，过去的几十年又是怎样走过来的呢？

最后的裘衣制作人

龙潭街道秀水社区的陈朝明，生于1953年，今年已经六十多岁了。每天天刚蒙蒙亮，喝完早茶的他就会拉开他裘衣店的卷帘门，开门迎客了。这是他几十年来的习惯。

陈朝明读书不多，很早就外出谋生。十八岁那年，陈朝明在龙潭公社拉架架车，当搬运工，过着"七十二行，架车为王。腰杆拉弯，颈子拉长"的生活，十分辛苦。他父亲看在眼里，疼在心里。和所有那个年代的老人一样，陈朝明的父亲信奉"有艺不孤身"的古训，于是就找到龙潭街道合成社区的裘衣制作高手罗利森——一位1930年出生的手工艺人。

在家人的引荐下，陈朝明奉茶磕头，拜在了罗利森门下。当时，小伙子还花了七十多元扯了二米多当时最为时新的呢子面料，给师父作见面礼。

那一年，是1979年。改革开放的春风刚刚在祖国大地上吹拂开来。

说起传承谱系，陈朝明讲，上溯三代已不可考，他的师爷是郫县东街的付又铭，从艺时间大约是在民国中期，已故。师父罗利森1942年拜师学艺，今年已经八十多岁了。

学艺四年，陈朝明才出师，在龙潭寺街上开起了自己的门店。当年，陈朝明是龙潭寺远近闻名的裘皮制作高手，许多城里人和外地人都要慕名来请他做裘衣。20世纪80年代生意最红火的时候一个月要做二百多件狐皮背心。

裘衣制作是门古老的技术，手工制作步骤烦琐：硝皮、钉皮、阴干、铲皮是其中重要的步骤。近三十道工序，全部由手工完成。而且所有指标没有具体的量化标准，全凭制作者的经验掌握。一年里，陈朝明只有在三伏天才用大水缸加糯米来硝制毛皮，经过物理和化学反应，毛皮转变为不易腐烂、具有柔韧性和透气性的好东西。

为确保硝制的皮毛能均匀发酵，最初的七天，陈朝明必须每两个小时翻一次缸，夜里也不能停歇。这对瞌睡极好的他是严重的挑战。"传统工艺就是这样，如果硝制过程稍有差池，一缸皮就报废了。"年轻时，因为自己一时贪睡，没及时翻缸，十多张狐狸皮在缸里受热不均都脱了毛，完全成了废品。

除了硝皮这道工序外，后续的每道工序的细腻程度和要求之高，都是其他制衣类生产难以比拟的。比如裘衣制作缝线都采用"双胡椒眼"的交叉缝制。这样的缝制方法能使毛皮和面料充分结合，具有良好的定型效果。所以自古就有裘衣裁缝被称作"上等师傅"的说法，由此可见裘衣制作工艺的精致性。

传统的制裘工艺是个又脏又累的苦差事。成都的东大街、浆洗街原来有近十家裘衣制作店，后都因城市变迁、生产工艺的繁复、御寒服饰的多样、经济效益较低等原因而逐步消失。现成都地区裘衣制作工艺从艺人数不足五人，其中有的因年事已高无法从艺，有的因生活所迫现已转行，目前成都只有陈朝明还在坚持手工制作裘衣。因而，陈朝明被媒体称为"成都最后的裘衣制作人"。

陈朝明原本收过四个徒弟，后来都相继离开了，偌大的店面只剩下他和老伴还有个侄儿媳妇。陈朝明目前正在寻找合适的技艺传承弟子，传统裘衣制作工艺现已处于濒临失传的边缘。

入选非遗的艰难历程

2006年，对非物质文化遗产进行传承与保护逐步为全社会所认识。2007年春季，成华区文化馆在龙潭街道搞活动，一位市民前来自荐申报自己的制裘工艺，这人就是陈朝明。

2007年，坐落于金沙遗址附近的成都非遗公园热闹非凡，盛况空前。成华区的展馆内一个裘衣制作工艺展示的专柜吸引了众多眼球。在南方，参观者很少见到这么多的裘皮制品，或白或黄或黑或灰，琳琅满目，大家都忍不住想去感受一下那蓬松松、毛茸茸的感觉。

见到这么受人追捧，陈朝明坐在柜台后，露出了欣喜的笑容。

展示区还陈列着一口大缸，这是裘衣手工制作中米浆泡制的工具，也是缺一不可的一道工序。工作台上正在展示裘衣的缝制技艺。陈朝明作为裘衣制作工艺项目的传承人，已经被纳入了区级非遗保护的视野。

次年4月，裘衣制作工艺项目正式列入成华区级非物质文化遗产名录，政府发文对其进行全方位的保护。对该项目建立了详细的档案，将历年来的图文资料进行整理，把各方面的内容详细记载，并妥善保存。

2008年3月，为申报市级非遗，成华区文化馆为该项目拍摄制作了宣传片。片中介绍说，裘衣制作工艺是中国劳动人民长期的智慧结晶，且难以为现在的技术所替代，是一份极其宝贵的历史文化遗产。为更好地保护这种在成都地区仅存的传统手工制作技艺，保留成都裘衣制作的历史文化记忆，特提出市级非物质文化遗产名录申报请求。这是成华区推荐参评市级非遗的第一个项目。

然而，好事多磨。

成华区文化馆馆长蒋松谷是裘衣制作工艺申遗的发掘者和推动者，他见证了申报市级非遗的全过程。他告诉笔者说，裘衣制作工艺申报市级非遗，并非一帆风顺，可谓一波三折，因为在评审会上专家对此产生了巨大的质疑。

质疑的核心，在于野生动物保护问题。古代的裘衣制品，多采用野生动物的皮毛作为原料，在动物保护日趋被重视的今天，这显然与现代社会的环保要求相悖。也就是动物保护的那句广告词——"没有买卖，就没有伤害"。

成华区申报的第一个市级非遗项目，难道就这样出师未捷身先死吗？

蒋松谷焦急地将项目的初审意见反馈给陈朝明。

对于专家的质疑，陈朝明并没有回避和躲闪，他立刻提供了两份材料。一是养殖企业的证据，证明他的裘衣原料均来自人工养殖的动物皮毛；二是其裘衣成品销售价格并不昂贵，也反证了原料并非使用野生动物皮毛。

补充材料提交到评审组，得到了专家们的认可。

最后，专家们认为，成华区龙潭一带流传的"裘衣制作工艺"属于民间口传心授的纯手工工艺，承载着我国传统服饰文化的大量信息。该项目工艺流程复杂，制作细腻，主要以人工养殖的动物毛皮为原料，既降低了制作成本，又符合动物保护原则。该项目在成都地区具有唯一性，符合非物质文化遗产的各项条件，同意成华区"裘衣制作工艺"项目申报为市级非物质文化遗产。

山重水复疑无路，柳暗花明又一村。

一个即将失传的制裘手工工艺，入选市级非遗，其传承与保护已经提上议事日程，陈朝明的手艺可望后继有人了。

龙潭文录

龙潭乡学碑序

清·朱云焕[①]

盖观于乡，而知王道之易易也。锦城东北二十里许有乡焉，曰龙潭。壤腴而沃，俗勤而朴，野处而不昵其秀，少习心安，不见异物而迁焉。教者不肃而成，学者不劳而能。成人有德，小子有造，誉髦斯士，兹乡固人文渊薮乎。

我国家圣圣相承，重熙累洽，渐摩陶淑，涵育薰蒸。莪则菁菁，棫则芃芃。虽在井垣坤域，亦炳灵于江汉，毓秀于华岷。而多士济济，不遗于遐陬僻壤，于戏盛哉。

自三代教法寖备，五家为比，五比为闾，闾有塾，八岁入焉，比长闾胥训之；四闾为族，五族为党，党有庠，十有五岁自塾升庠，党正训之；五党为州，州有序，自庠升序，州长序之；五州为乡，乡有校，自序升校，乡大夫训之以三物：一知仁圣义中和为德；二孝友睦姻任恤为行；三礼乐射御书数为艺。德行为贤，艺为能。三年大比，大夫书贤者能者而登之，入国学。

兹龙潭乡学，亦即彷成周之遗意云，当其事者，犹虑未能垂之久，因于嘉庆丁巳年，奉邑大夫徐转奉方伯林，兴学课，立学田，选

---

① 朱云焕，字霞堂，江陵人。乾隆辛卯举人，四川永宁令。

浮屠，心玥通鉴居之。今辛酉孟秋朔稽于众，塑立文昌圣像，汇学者父兄名泐于石。自时厥后，每季春季秋，彷月令入学，习舞吹之旧，而课八股，艺五言试律焉。至祭祀、奖赏需，皆出自学田租息。凡碑中刊刻名姓之弟侄子孙，入思乐则赐之花彩，登贤能则照以计偕，作育人材。颂鸾旗而大小从公，歌鹿鸣而笙琴将币，是亦塾党序校之乐事也。因以鼓吹盛世，昭圣天子，鸢飞鱼跃，作人之雅化。此非仅闾里之荣，抑亦邦家之光焉。故其相与以有成，而幸龙潭乡学，文风之炳耀，盖观于乡，而知王道之易易也。①

---

① 清光绪十八年（1892）《华阳县志·艺文》载：龙潭寺，治东北城外二十里，寺内有龙潭故名。蜀汉时建，历代屡有修葺。国朝乾隆三十年（1765）重修。邑令徐念高兴义学于此，朱云焕有碑记。民国《华阳县志》记载："龙潭乡学为乡学之最早而成绩最优者……光绪之季，改设学校，一皆废止，款亦并入学校矣。"龙潭乡学发轫之后，华阳县的乡学义学多达三十余所，如嘉庆二十年（1815）得胜场的尚义乡塾、嘉庆二十二年（1817）的华阳义学、道光年间的白家场义学、光绪十一年（1885）的大面铺义学，以及城内的惜字宫乡学、青莲巷乡学等。

《吟云仙馆诗集》①序

清·曾国荃②

　　诗发源于三百篇，宣圣删诗，首列《关雎》，取其哀乐得性情之正。其时，诸侯、大夫、诸侯夫人、大夫妻能诗者多，由房之歌、鸡鸣之咏，贤夫妇唱子和汝，交相警戒。此中正之音、性情之和，乐所由发也。至《于役》之篇，《柏舟》之什，忧怨之心，变风而不失其正，所谓发乎性情、止乎礼义也。

　　风雅之亡，变为《离骚》，忠君之心，芬芳悱恻，郁郁然不能展其才，则托之于辞，以见其志。自后李、杜大家，亦多忧时伤事，以写其惓惓之抱。其他感怀伤逝之篇，更以穷愁易工，促节哀音，有令人不忍卒读者。言为心声，其诗传，则其人之性情亦与之俱传。故夫精忠苦节，其人不必专工于诗，思以传世，而其诗卒无不传者，以其得性情之正，有不可磨灭者在也。

　　四川曾吟村太仆，以名进士观政农部，出守章江，深得士民

---

① 《吟云仙馆诗集》由清代曾咏所撰。曾咏（1813—1862），自号吟村，华阳龙潭寺人。道光二十四年（1844）进士，任户部主事，后任江西吉安知府。同治元年（1862）八月初二，积劳成疾，卒于曾国藩军中，享年五十岁。赐恤赠太仆寺卿。

② 曾国荃（1824—1890），字沅甫，曾国藩的九弟，湘军主要将领之一，官至两江总督、太子太保，谥"忠襄"。

心。先兄文正公治军安庆，招致戎幕，以劳卒于军。其室左恭人移
柩回蜀，过义鱼滩，大风，几覆舟。恭人抚棺长号，呼天泣血，风
遽止，舟竟无恙。自绘《孤舟入蜀图》，海内名公巨卿多题咏之，
传者美焉。

哲嗣旭初大令仕晋中，余抚晋时，嘉其廉正有父风。洎余持节
两江，乃远道寄太仆《吟云诗稿》一卷，并左恭人《冷吟馆诗词》各
集，属余为序。余受而读之，前半多唱和之作，而太仆忠义之心、恭
人苦节之操，已于吟咏中隐然流露。太仆《奉檄赴军感作》云"士为
知己死"，盖志决身歼，素性然也。后太仆殁，恭人事翁、姑之孝，
抚孤稚之艰，操心积虑，含辛茹苦，悲无不于诗乎传之。嵯峨萧瑟，
如秋声夜起，万汇伤怀；又如巫峡哀猿，泪随声堕。吁！太仆、恭人
皆可谓得性情之正矣。

忆昔道出九江，与太仆遇于舟次，一见如故，纵谈时事，忠义
奋发，略见一斑。隙驷不留，尺波电谢，言念畴曩，于今垂二十余年
矣。今乃得读其伉俪之诗，夫太仆之忠、恭人之节，皆不待以诗传
者也。而太仆以倥偬戎马之间，忧存遗稿，恭人则学与年富，所造益
精，皆天之有意传其诗，而即以传其人之性情也。

今旭初宰定襄，有政声；去秋，其季弟复举于京兆，太仆为不
亡矣。恭人则训诫诸子，均底于成。始困终亨，天之所以报忠臣节妇
者，又岂仅传其诗而已哉！

光绪十五年（1889）三月湘乡曾国荃撰

曾太夫人左氏①家传

清·缪荃孙②

　　会太夫人左氏，阳湖人，湖南巡抚左杏庄中丞之孙女，陕西凤翔同知巢生年丈之幼女，而华阳曾吟村太仆之配也。讳锡嘉，字小云，嫠居后改字冰如。与两姊锡蕙、锡璇均有名，都下事继母以孝闻。太仆以甲辰进士官户部，授江西吉安府知府，粤寇陷城夺职，会文正公调赴军营，积劳卒于安庆，奏复官并赠太仆卿，荫一子入监读书。时太仆二亲在蜀，抚一侄为子。太夫人生子三人、女子五人。大者不盈十岁，幼弥月耳。乃摒资斧扶柩挈细弱，五千里由水程返。曾自绘《孤舟入蜀图》，题咏以纪其事。

　　太仆旧居华阳之龙潭寺，地乡僻世，业农，太夫人躬耕以养，并日而食，无怨言，无难色。二亲既逝，以村塾不足课子，乃迁居省城之南，傍浣花溪结茅而居。鬻书画，制通草，像生花鸟，得赀以供

----

① 曾太夫人左氏，即左锡嘉（1831—1894），清代女画家。字韵卿，一字小云，又字浣芬，嫠居后易字冰如，阳湖人。左锡璇妹，行六。工诗善绘，学恽寿平没骨法。同治年间夫亡，作《孤舟回蜀图》，为时所称，与其姐左锡蕙、左锡璇并称"左家三才女"。

② 缪荃孙（1844—1919），字炎之，又字筱珊，晚号艺风老人，江苏江阴人，清光绪年间进士。中国近代藏书家、校勘家、教育家、目录学家、史学家、方志学家、金石家。中国近代图书馆的鼻祖。《家传》有"太仆旧居华阳之龙潭寺"句。

子读。为三子娶妇，嫁五女，均从十指中求生活，蜀中士大夫莫不曰
"曾氏有贤母也"。

光绪庚辰，光煦赴监读书，期满选山西定襄县知县，迎养任所。
戊子已丑，光岷联捷进士，观政刑部。光文以军功官知县。嗣子光禧
官福建邵武府，经历孙仪进癸已副榜，家门鼎盛，孝养弥隆。太夫人
时以昔年构难，含辛告诸子妇，俾时生警惕心，光煦泣官恪守母教，
所至有声，太夫人顾而乐之，先以太仆官封淑人，至是以子光煦官加
级，晋封夫人。光绪乙未，卒于乡宁官署，年六十有五。荃孙与左有
连，在蜀时，太夫人叙及戚谊，余妻庄思琇亦能画，时就正太夫人，
气谊之孚，几同骨肉。

入都后，太夫人亦自定襄来会晤，帀月别，一年而思琇卒。太
夫人哭之恸，手书挽联以志哀，其性情之厚，亦可见矣。著《冷吟仙
馆诗文集》十卷，已刊行。论曰，曾氏自太仆之没，子多而榫，道险
而远，太夫人闲关西上逾年始至，可谓勇矣。江南世族闺门，骄佚骤
居，农家皲手趼足，养老抚幼，勉力支持，可谓贤矣。子孙成名，女
适士族，老人蔗境，贵寿以终，可谓福矣。嗟乎，后之甘适，以赏其
前之苦，天道有知，吾常闺秀如太夫人，尚不数数觏也。

华阳县志

左锡嘉传^①

左锡嘉，字小云，嫠居后，更字冰如，世家江苏阳湖。

乾隆中，湖南巡抚左辅仲甫之女孙也，有文采，与洪亮吉、黄景仁、李申耆、陆继辂、恽敬、张琦辈友善，尤工倚声。子昂，大理丞凤阳府同知。有女七，锡嘉阳次在六。八岁失母，入都侍父，奉教婉，婉父尝病笃，刲股和药，进事继母，曲得其欢。瀚维之暇，诸女兄弟读书作字，日有程余，乃更及画绘。年二十归华阳曾太仆咏。咏时官户部京曹，清苦炊绽独任。

咏出守吉安郡，陷贼者屡矣。宽赋平施左右，为多姊氏庄在赣，将嫁女，迎锡嘉往，甫抵赣，而吉安寇警闻，贻书为咏画城守策，一一暗合，卒走寇复城。咏赴安庆军，积劳遘殂，耗至誓以死殉，庄阻谕谓：舅姑在堂，勿而乃奔丧，扶柩西还，长江数千里，贼舰纵横，上下竟艰苦得达，过犍为有滩，曰叉鱼。水涸时最险处也。舟触石，破浪骇桅欹。锡嘉抱柩长号，须臾安稳，径度若有神助然，乃追绘《孤舟入蜀图》，以记其事。海内名公题咏嗟叹者逾数十人。

归里后，茅屋数椽而已。舅姑既没，念乡里陋僿，不可教子，

---

① ［清］吴巩、董淳修：《华阳县志》，清嘉庆二十一年（1816）刻本。

移入城南，为其近学宫也。然贫无所恃，遂悬格鬻画，更仿南俗，剪通草制象生花鸟，一时见者各惊其妙，于是求画者、乞花者，络绎门前。久之，又虑城居，子弟染浮侈习，乃卜宅浣溪上，距城且数里，其智虑周密若此。

初，咏无子，以弟之子光禧为嗣。锡嘉有三子，是时，光煦荫知县，谒选京师。光岷已入县学，未几，光煦出令山西定襄。光岷亦成进士。迎锡嘉就养，请旌于朝，礼部奏如例。年六十五卒。乡宁官舍所著，《冷吟仙馆诗》若干卷，诗余一卷，文存一卷。未去蜀时，已自刻之而其绘事，尤见珍于世，比之南楼老人及恽清于云。

曾彦传①

曾彦，字季硕。华阳人。父咏赠太仆寺卿。江西吉安府知府。母左恭人锡嘉，士大夫所尊为冰如老人者也。

彦姿颖既绝，而貌又明丽，每轩车过市，望着骈之，咤为神仙。

幼承母训，读书引篆、弹丝剪彩，靡不精妙，而五言之作造诣尤高，汉魏齐梁后，弗屑也。方筹择对，得汉州张祥龄子馥嫁之，倾城名士艳重一时。

王闿运来主尊经，携其诸女，若帉若滋，并寓院中。彦从往还，且豫讲授，学益孟晋。祥龄拔贡后，久不中第。应易布政佩绅之招，挈家苏州，遍览虎邱、邓尉、平山、蜀冈之胜，徜徉西湖，

---

① 参见民国二十三年《华阳县志十九·人物十三》。

有偕隐之思。

及中岁，始入词林，而彦已先病不待。共诗曰《桐凤馆集》者。闿运南游，为之题序，称其篇篇学古，无复俗华靡，而风骨益洁，视在蜀时，又异且曰：祥龄好奇通侻，无故携彦行万里，故其诗能有古作者风。闿运不轻许人，而独嘉美彦。彦又习篆隶，初学李阳冰，亦上规，拟汉碑，额其后，更得莫友芝笔势，能为径尺书。尝于罗兵备应旒衡湖别墅前，署"江山丽文藻，日月垂景光"十字，敛豪纵锋，平入险出，颇饶峻挺致，不疑出清闺弱腕也。手迹流传至今，宝重之。

《孤舟入蜀图》题词

清·顾印愚[①]

  品诗记室论风始，有妇人焉推继轨。龙汉西京二百年，《团扇》一篇配苏李。后来作述与斯文，唐宋而还流别纷。谁云闺秀齿方外，例以自刿非前闻。斯干占梦议酒食，曷谓妇言居四德。诗人开卷见《周南》，荇芼葛覃谁组织？温温恭人今女宗，立德不朽兼容工。言为心声寄豪素，格律复擅前贤风。左家娇女兰陵里，婉娩鹿车相夫子。西江符节等春陵，臣竭股肱继之死。山头化石望生还，貌是诸孤哭玉棺。碧血竟从江水逝，白头谁问寝门安。瞿唐西上穿巴峡，素旐铭旌舟一叶。敝庐辛苦就龙潭，宰树苍凉封马鬣。卖珠易米补茅檐，篝燧鸡鸣子职兼。画水笔偕耕馌刈，课书膏并纺灯添。百花潭北溪流沲，几载经营草堂启。市远因知孟母邻，居人省识钟家礼。缘江路熟俯青郊，经社论文记订交。骥子凤雏俱秀发，数观手稿出誊钞。十年回首登堂拜，更托葭莩展情话。忝作陶家座上宾，幸聆曹母闺中诫。闻道安舆度雁门，宓琴政美说晨昏。岂知故国违千里，更喜新篇得重论。晋祠碧玉邀行客，驹藿执维永朝夕。矜严唐韵检乌丝，商略宋词参白石。《柏舟》高节照乡粉，馀事犹堪敌左芬。何止断章传雪絮，

---

① 顾印愚（1855—1913），字印伯，四川双流人。清末民初著名诗人、书画家，张之洞入室弟子。对左锡嘉孤舟入蜀的目的地，诗中有"敝庐辛苦就龙潭"句。

曾看雕版袭香芸。我承定本披吟再，四十年中心事在。获苦篁凄晚蔗甘，知人可与论千载。颇闻绘事重扶桑，日本归帆压赆航。此卷流传定争购，葩经足利并珍藏。

清史稿：曾懿传①

　　（袁）绩懋②子学昌妻曾，名懿，字伯渊，华阳人。通书史，善课子，著有古欢室诗集、医学篇、女学篇、中馈录。

①　参见《清史稿》卷五百零九《列女传·袁学昌妻曾（懿）传》。
②　袁绩懋（？—1858），字厚庵，一字厚安，顺天宛平人，祖籍阳湖，道光二十七（1847）年榜眼，历官刑部主事、福建延建邵道，咸丰八年（1869）殁于军中，谥号文节。继娶左锡璇，生袁学昌。袁学昌，光绪五年（1879）举人，曾历任安徽省滁州府全椒县知县、湖南提法使。

华阳范氏私立小学校记①

　　20世纪20年代，全国各省皆为军阀割据，时称防区制。祠校即范氏私立小学校就是在这种形势下诞生的。当时，战事频繁，军费来源就出诸田粮赋税和苛捐杂税，并进一步提庙产、会产、祠产拍卖，以供军需。

　　时下，我族先进人士纷纷起来办学，因为只有办学才能避免提拍祠产。当时族中长房育斋（克缵）叔，首先倡议办祠校，各房长辈有二房济源（克潮）叔、三房胅田（埥传）叔祖和得云（克青）叔、四房心德（仁传）叔祖、五房德容（克前）叔和有仓（珩珍）兄，纷纷附议。由是校董会成立。公选育斋叔、济源叔、得云叔、心德叔祖、德容叔等为校董，并推为育斋叔为董事长。

　　民国十七年冬，聘请甸臣（克雾）伯为校长。定于次年春季始业，招收初级四班。教师在各房中选聘，计有子君（儒传）叔祖、家父明轩（克炯）、锦波（纹珍）兄、天池（塘珍）兄、玉冰（洁珍）兄等。民国十九年仍为四班，连续两年初小毕业，就无法再读。因此在民国二十年又报请四川省教育厅批准立案，增设高级一班，增聘祥占（兆珍）兄、宝潜（照珍）兄。

　　民国二十一年增设六年级。不幸是年秋，董事长育斋叔逝世。一

---

① 参见龙潭寺《范氏家谱》。

波未平，一波又起。九月十八日夜，族中坏分子勾结惯匪，拉走老师明轩和学生四十名，分关在金堂匪窝，达四十天之久。华阳县政府和隆兴场区署不闻不问。董事会立即采取紧急措施，开会决议，将校产是年租谷全部卖光，又各方借贷，凑足大洋七千元，派员送交土匪，师生才获得自由。至是学校经费全无，只有停办。董事会得云叔坚决不答应停办。立邀地方士绅，筹集三千元田园会一局，是冬（民国二十一年）在龙潭寺下街买叶氏祠堂（今派出所）铺面两间，赓即修理教室六班，准于翌年春季开学。第二年，德容叔将田园首会三千元借给祠校，又添一间铺面做厨房。后二年，又添购师生寝室。以后陆续购买叶氏堂屋和米市坝附近房屋和空坝，增修教室两栋四间，小小体育场一个，学校才初具规模。又增聘河滨兄、道从侄等到校任教，从此学校声誉大振。学生逐年递增。每期达六百名以上，中低年级每班一百四五十人。教师尽皆辛苦、认真。学生升学成绩均超公办学生水平。

民国二十四年，甸老退休，由祥占兄继任校长，先后增聘希廉、希真、炳南、秉经。民国三十三年，祥占兄因公离职，由仲康任校长，三十五年由树三任校长。教师又在外姓中选聘林助、王成儒、胥怀静、魏得明、杨寿长等。民国三十八年春，庆祝祠校办学二十周年纪念，历届毕业生数百名返校庆祝，赠送匾对锦旗，真是人才济济，会集一堂。是年冬，成都解放，树三兄辞去校长职务，校长一职即由熹珍继任。后，报请华阳县人民政府批准，祠校遂和本乡中心小学合并。祠校自创办达解放二十年，毕业学班十八班，学生在千名以上，升读在重点中学者颇不乏人，在大专院校深造者都在百名以上。解放初期，工作在各机关单位，各行各业者，都有范小之学生。二十年来，对地方、对国家培养众多人才。育斋叔、得云叔和历任校长、教师，都有不可磨灭的功勋。兹值续谱良机，熹珍受教在祠校六年，祠校教书十年，对于祠校前后史实，较为清楚，特简写校史于家谱之末，以志不忘云。

后记

　　龙潭寺作为东山五场之首，有着三百余年建场史，客家文化源远流长，有许多优美的传说故事、丰富的历史人文资源。但是随着时代的变迁和城市化的进程，许多历史遗迹逐渐消失在历史的长河中。因此，及时抢救、挖掘当地的历史文化，就显得时不可待。

　　笔者通过大量田野考察，付出了大量的心血和汗水，终于完成了编写工作，这本《龙潭寺》终于得以出版。本书参考了《成都通览》《华阳县志》《龙潭乡志》等相关书籍，由于资料阙如，收集整理困难，还有一些古迹也由于缺乏史料而无法成形，或由于笔者涉猎和水平有限，有所遗落，皆是憾事。

　　在田野考察中，得到龙潭街道办事处吕毅、赵珣及其各社区诸位同志的大力协助；在采访中得到了廖育仁、张桢喜、张亮、李盛刚、魏文章等人的大量口述资料。本书的出版，还得到了成华区宣传部、区文联、区文化馆、龙潭街办等单位鼎力支持，在此一并表示衷心的感谢！

　　是为记。

刘小葵

2018年11月24日